Cantus Selecti

Ad Benedictionem Sanctissimi Sacramenti

EX LIBRIS VATICANIS ET SOLESMENSIBIS EXCERPTI

IMPRIMATUR.

Tornaci, die 28 Februarii 1957.

✠ JULIUS LECOUVET, Vic. Gen.

INDEX GENERALIS.

Pag.

Ritus in Expositione et Benedictione Sanctissimi Sacra-
menti servandus . . . . I-IX

IN HONOREM SANCTISSIMI SACRAMENTI . 5-26, 270

I. PRO DIVERSIS TEMPORIBUS ET FESTIS . . 27-110

Tempore Adventus 27, 272
Tempore Nativitatis 31, 272
In festo S. Nominis Jesu 37
In Epiphania Domini 40
Tempore Septuagesimæ 41
Tempore Quadragesimæ 43, 275
Tempore Passionis 55
In Pascha 59
Tempore Paschali 63, 276
Tempore Ascensionis 68
Tempore Pentecostes 73
In festo SS. Trinitatis et in Dominicis per annum . . 78
In honorem SS. Cordis Jesu 84, 280
In festo D. N. J. C. Regis 94
In festo Omnium Sanctorum 101
Pro fidelibus defunctis 103
In Dedicatione ecclesiæ 104

I. IN HONOREM B. MARIÆ VIRGINIS . . . 111-188, 278

Tempore Adventus 110
In Conceptione immaculata 113
Tempore Nativitatis Domini 115
In Epiphania Domini 119
In Purificatione 120
In Apparitione 121
In Annuntiatione 124
Tempore Passionis 126
Tempore Paschali 131
In Assumptione 134
In Nativitate 139

		Pag.
In mense SS. Rosarii		142
In festo D. N. J. C. Regis		157
Pro fidelibus defunctis		158
Per annum		159

IV.   IN HONOREM SANCTORUM 189-229

In honorem S. Joseph		189
In honorem S. Joan. Baptistae		200
In festo SS. Apost. Petri et Pauli		205
In festo Pretios. Sang. D. N. J. C.		210
In festo S. Annae, Matris B. M. V.		213
In festo S. Ludovici, Regis		214
In Dedic. S. Michaelis, Archangeli		216
In festo S. Teresiae a Jesu Infante		218
In festo S. Martini, Episc.		219, 281
Pro S. Apostolis		225
In festo S. Joannae de Arc		227

V.   PRO PAPA, EPISCOPO ET PACE . . . 230-233, 283

VI.   PRO GRATIARUM ACTIONE 234-240

VII.   ANTE BENEDICTIONEM 241-251

VIII. POST BENEDICTIONEM 252-269

SUPPLEMENTUM.

Cantus ad diversa		270-284
In Oratione Quadraginta Horarum		285-293

TONI COMMUNES 294

INDICES.

Adnotationes		297
Index analyticus		317
Index alphabeticus		322
Index generalis		326

I. IN HONOREM SS. SACRAMENTI.

1. — O salutaris. I.

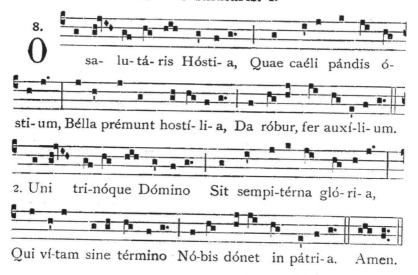

8.
O sa- lu-tá- ris Hósti- a, Quae caéli pándis ó-

sti- um, Bélla prémunt hostí- li- a, Da róbur, fer auxí-li- um.

2. Uni tri-nóque Dómino Sit sempi-térna gló- ri- a,

Qui ví-tam sine término Nó-bis dónet in pátri- a. Amen.

2. — O salutaris. II.

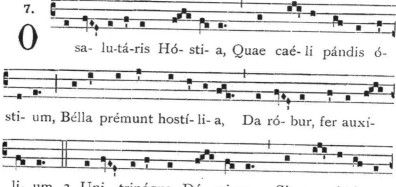

7.
O sa- lu-tá-ris Hó- sti- a, Quae caé- li pándis ó-

sti- um, Bélla prémunt hostí- li- a, Da ró- bur, fer auxí-

li- um. 2. Uni trinóque Dó- mi-no Sit sempi-térna

gló-ri- a, Qui ví·tam sine término   Nóbis dónet in pá-

tri- a.   Amen

3. — O salutaris. III.

1. O

sa-lu-tá- ris Hó- sti- a, Quae caéli pándis ó-

sti-um, Bélla prémunt hostí-li- a, Da ró- bur, fer auxí-

li-um. 2. Uni trinóque Dó-mino Sit sempi-térna gló-ri- a,

Qui ví·tam sine término Nóbis dónet in pá-tri- a.   Amen.

4. — O salutaris. IV.

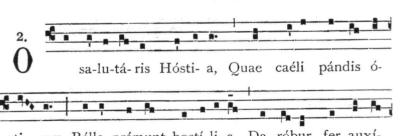

2. O

sa-lu-tá- ris Hósti- a, Quae caéli pándis ó-

sti- um, Bélla prémunt hostí-li- a, Da róbur, fer auxí-

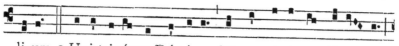

li-um. 2. Uni trinóque Dómino Sit sempi-térna gló-ri- a,

Qui ví-tam si-ne término Nóbis dónet in pátri- a.   Amen.

5. — O salutaris. V.

sa-lutá-ris Hósti- a, Quae caéli pándis ósti-um,

Bélla prémunt hostí-li- a, Da róbur, fer auxí-li-um. 2. Uni

trinóque Dómino Sit sempi-térna gló-ri- a, Qui ví-tam

sine término Nóbis dónet in pátri- a.   Amen.

6. — O salutaris. VI.

sa-lu-tá-ris Hósti- a, Quae caé- li pándis ó-

sti-um, Bélla prémunt hostí- li- a, Da róbur, fer au-xí- li-um.

2. Uni trinóque Dómino Sit sem-pi-térna gló-ri- a, Qui

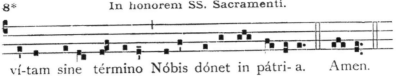

ví-tam sine término Nóbis dónet in pátri- a.　　Amen.

7. — O salutaris. VII.

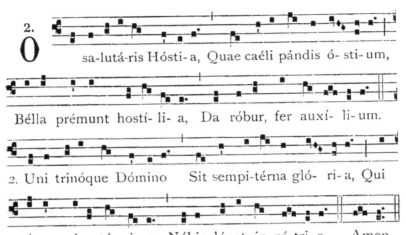

sa-lutá-ris Hósti- a, Quae caéli pándis ó- sti- um,

Bélla prémunt hostí- li- a, Da róbur, fer auxí- li- um.

2. Uni trinóque Dómino　　Sit sempi-térna gló- ri- a, Qui

ví-tam sine térmi-no　Nóbis dónet in pá-tri- a.　　Amen.

8. — Panis angelicus. I.

Anis angé- li- cus　fit pánis hóminum; Dat pánis

caéli-cus　figú-ris términum : O res mi-rábi-lis! mandú-cat

Dóminum Páuper, sérvus,　et húmi-lis. 2. Te trí-na Dé- i-

tas　únaque póscimus : Sic nos tu ví-si-ta,　sic-ut te có-

limus'; Per tú- as sémi-tas duc nos quo téndimus, Ad

lucem quam inhábi-tas. Amen.

9. — Panis angelicus. II.

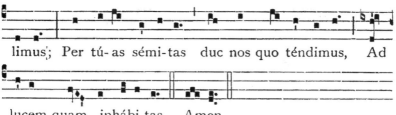

1.

P Anis angé-li-cus fit pánis hóminum; Dat pánis

caéli-cus fi- gú-ris términum : O res mi-rábi-lis! mandú-

cat Dóminum Páuper, sérvus, et húmi- lis. 2. Te trí- na

Dé- i-tas ú-naque póscimus : Sic nos tu ví-si-ta, sic- ut

te có-limus; Per tú- as sémi- tas duc nos quo téndimus,

Ad lú-cem quam inhábi-tas. Amen.

10. — Panis angelicus. III.

8.

P Anis angé-li-cus fit pánis hóminum; Dat pá-

nis caéli-cus   figú-ris términum : O res mi-rábi-lis! man-

dú-cat Dóminum Páuper, sérvus, et húmi-lis. 2. Te trí-na

Dé- i-tas   únaque   póscimus; Sic nos tu   ví-si-ta,   sic-ut

te có- limus; Per tú-as sémi-tas   duc nos quo téndimus,

Ad lu-cem quam inhábi-tas.   Amen.

11. — Ave verum.

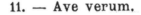

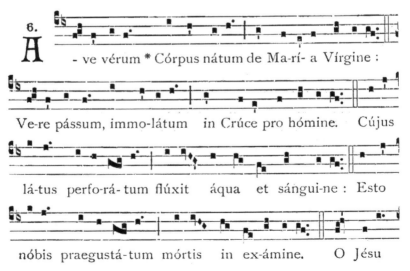

6.

- ve vérum * Córpus nátum de Ma-rí- a Vírgine :

Ve-re pássum, immo-látum   in Crúce pro hómine.   Cújus

lá-tus perfo-rá- tum flúxit   áqua   et sángui-ne : Esto

nóbis praegustá-tum mórtis   in ex-ámine.   O Jésu

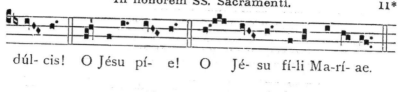

dúl- cis! O Jésu pí- e! O Jé- su fí-li Ma-rí- ae.

12. — Adoro te.

5. A D-óro te devó-te, látens Dé- i-tas, Quae sub his

figú-ris vere lá-ti-tas : Tíbi se cor mé- um tótum súbji-

cit, Qui-a te contémplans tótum dé-fi-cit. 2. Ví-sus, táctus,

gústus in te fálli-tur, Sed audí-tu só-lo túto crédi-tur :

Crédo quídquid dí-xit Dé- i Fí-li- us : Nil hoc vérbo Ve-

ri-tá-tis vé-ri- us.

3. In Crúce latébat sóla Déitas,
At hic látet simul et humánitas :
Ambo tamen crédens atque cónfitens,
Péto quod petívit látro poénitens.

4. Plágas, sicut Thómas, non intúeor :
Déum tamen méum te confíteor :
Fac me tíbi semper mágis crédere,
In te spem habére, te dilígere.

5. O memoriále mórtis Dómini!
Pánis vívus vítam praéstans hómini!
Praésta méae ménti de te vívere,
Et te ílli semper dúlce sápere.

6. Pí- e pellicáne,   Jé-su Dómine! Me immúndum mún-

da   tú-o Sánguine : Cú-jus úna   stíl-la   sálvum fácere

Tó-tum múndum quit ab ómni scé-le-re.

7. Jésu, quem velátum nunc aspício,
Oro fíat illud quod tam sítio :
Ut te reveláta cérnens fácie,
Vísu sim beátus túae glóriae. Amen.

13. — Ecce panis.

7.

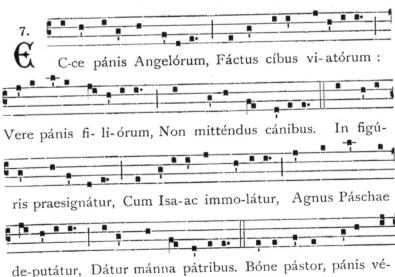

C-ce pánis Angelórum, Fáctus cíbus vi-atórum :

Vere pánis fi- li-órum, Non mitténdus cánibus.   In figú-

ris praesignátur, Cum Isa-ac immo-látur,   Agnus Páschae

de-putátur, Dátur mánna pátribus. Bóne pástor, pánis vé-

re, Jésu, nóstri mi-se-ré-re : Tu nos pásce, nos tu- ére,

Tu nos bóna fac vidé-re   In térra vivénti- um. Tu qui

cúncta scis et vá-les, Qui nos páscis hic mortá-les : Tú-os

ibi commensá-les, Coherédes et sodá-les Fac Sanctórum

cívi- um. Amen.

14. — Ego sum panis. I.

1.

-go sum * pá- nis ví- vus, qui de caélo de-

scén- di : si quis mandu-cáve-rit ex hoc páne, ví-

vet in aetér- num, alle- lú- ia.

15. — Ego sum panis. II.

1.

-go sum pánis vívus, * qui de caélo descéndi :

si quis manducáve-rit ex hoc páne, ví-vet in ae-térnum :

et pá- nis quem égo dá-bo, † cáro mé-a est pro múndi ví-

ta, alle-lú- ia. *Post Sept.* : † cáro mé-a est pro múndi ví-ta.

16. — Ego sum panis. III.

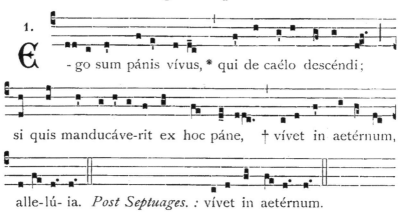

1.

- go sum pánis vívus, * qui de caélo descéndi;

si quis manducáve-rit ex hoc páne, † vívet in aetérnum,

alle-lú- ia. *Post Septuages.* : vívet in aetérnum.

17. — Cibavit illos. I.

6.

Ibá-vit íllos ex ádi-pe frumén-ti, * Alle-

lú-ia, alle- lú- ia. Cibá-vit. ℣. Et de pétra, mélle sa-

tu-rá-vit é- os. * Alle- lú- ia. ℣. Gló-ri-a Pátri, et

Fí- li- o, et Spi- rí- tu- i Sáncto. Cibávit.

18. — Cibavit illos. II.

6.

Ibá-vit íllos ex ádipe fruménti, * Alle-lú-ia, alle-

lú-ia. Cibá-vit. ℣. Et de pétra, mélle saturávit é- os.

* Alle- lú- ia. ℣. Gló-ri-a Pátri, et Fí-li-o, et Spi-rí-tu-i

Sáncto. Cibávit.

19. — Gustate.

3.

Ustá-te, et vidé- te quó- ni- am su-á-vis

est Dómi- nus: * Be- átus vir, qui spé-rat in

é- o.

Ps. 33. Benedí-cam Dóminum in ómni témpore : semper laus é-jus in ó-re mé-o. * Be- á-tus. ℣. Magni-fi-cá-te Dó-minum mécum : et exaltémus nómen é-jus in id- ípsum.

* Be- á-tus. ℣. Accédi-te ad é- um et illumi-námini et fá-ci- es véstrae non confundéntur. * Be- á-tus. ℣. Gló-ri-a Pátri, et Fí-li- o, et Spi-rí-tu-i Sáncto. *Be- átus.

℣.Sic-ut é-rat in princí-pi- o, et nunc, et semper, et in saé-cu-la saecu-lórum. Amen. * Be- á-tus. ℣. Gustá-te, et vidé- te quó- ni- am su- á-vis est Dómi- nus :

* Be- á-tus vir qui spé-rat in é- o.

20. — Ubi caritas.

-bi cá-ri-tas et ámor, Dé-us ibi est. ℣. Congregá-

vit nos in únum Chrísti ámor. ℣. Exsultémus, et in ípso

jucundémur. ℣. Time-ámus, et amémus Dé-um vívum.

℣. Et ex córde di-li-gámus nos sin-cé- ro. *Ant.* Ubi cá-ri-tas

et ámor, Dé- us ibi est. ℣. Simul ergo cum in ú-num

congregámur : ℣. Ne nos ménte di-vidámur cave-ámus.

℣. Céssent júrgi-a ma-lígna, céssent lí-tes. ℣. Et in médi- o

nóstri sit Chrístus Dé- us. *Ant.* Ubi cá-ri-tas et ámor,

Dé-us ibi est. ℣. Simul quoque cum be-á-tis vide-ámus

℣. Glo-ri-ánter vúltum tú- um, Chríste Dé-us : ℣. Gáudi- um

quod est imménsum, atque próbum : ℣. Saécula per infi-ní-

ta saecu- ló- rum.   Amen.

21. — Adoramus te.

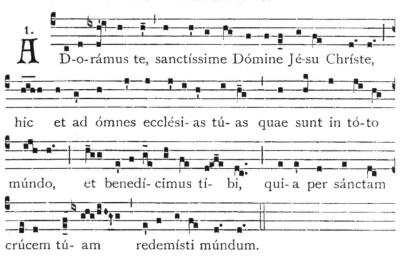

A D-o-rámus te, sanctíssime Dómine Jé-su Chríste,

hic   et ad ómnes ecclési- as tú- as quae sunt in tó-to

múndo,   et benedí- cimus tí- bi,   qui- a per sánctam

crúcem tú- am   redemísti múndum.

22. — Jesu dulcis amor meus.

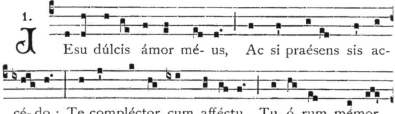

J Esu dúlcis ámor mé- us,   Ac si praésens sis ac-

cé- do : Te compléctor cum afféctu, Tu- ó- rum mémor

vúlnerum. 2. O quam núdum hic te cérno, Vulne-rá-tum et

di-sténtum, Inquiná-tum, invo-lú-tum, In hoc sacrá-to

tégmi-ne! 3. Sálve cáput cru-entá-tum Spínis cú-jus dúlcis

vúl-tus Immutá-vit sú-um fló-rem, Quem caé-li trémit

cú-ri- a. 4. Sálve látus Salva-tó-ris, Sálve mí-tis apertú-

ra, Super ró-sam rubi-cúnda, Medé- la sa-lu- tí-fe-ra.

5. Mánus sánctae, vos avé-te, Dí-ris clávis perfo- rá- tae :

Ne repéllas me Salvá- tor De tú- is sánctis pédibus.

Amen.

23. — O Panis dulcissime.

1. O pánis dulcíssime, O fidé-lis ánimae Vi-tá-lis refécti- o! 2. O Paschá-lis víctimae Agne mansuetíssi-me, Legá-lis oblá-ti- o! 3. Jésu di-lectíssime, Quae sub pá-nis spéci- e Ve-láris di-ví-ni-tus! 4. Víctu multi- fá-ri- e Récre-a nos grá-ti-ae Septi-fórmis Spí-ri-tus! 5. Suméntem, cum súme-ris, Qui-a non consúme-ris, Aetérne vi-ví- ficas.

6. Nam re- átum scé-le-ris Dóno tánti múne-ris Cleménter pu-rí-ficas. 7. In te nos ut úni- as, Et virtú-te múni- as, Da te dígne súme-re. 8. Ut carná-les fúri- as Propéllens, nos

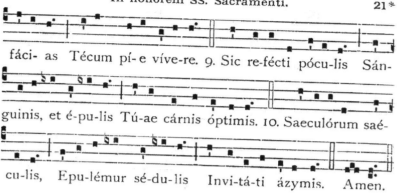

fáci- as Técum pí- e víve-re. 9. Sic re-fécti pócu-lis Sán-

guinis, et é-pu-lis Tú-ae cárnis óptimis. 10. Saeculórum saé-

cu-lis, Epu-lémur sé-du-lis Invi-tá-ti ázymis. Amen.

24. — Jesu nostra refectio.

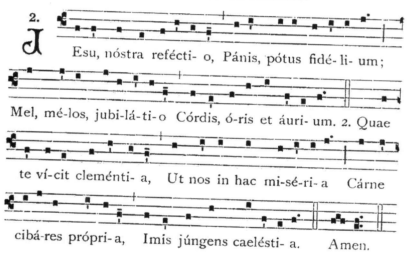

Esu, nóstra refécti- o, Pánis, pótus fidé- li- um;

Mel, mé-los, jubi-lá-ti-o Córdis, ó-ris et áuri- um. 2. Quae

te ví-cit cleménti- a, Ut nos in hac mi-sé-ri- a Cárne

cibá-res própri-a, Imis júngens caelésti- a. Amen.

25. — Christum regem.

Hrístum Ré- gem adorémus, * domi-nán- tem

géntibus, * Qui se mandu-cánti-bus dat spí-ri-tus

pin- guédinem. *Ps. 33.* Benedí-cam Dóminum in ómni

témpo-re : semper laus é-jus in óre mé- o. * Qui se.

℣. Magni- ficá-te Dóminum mécum : et exaltémus nómen

é-jus in id-ípsum. * Qui se. ℣. Accédi-te ad é-um, et

illumi-námi-ni : et fáci- es véstrae non confundéntur.

* Qui se. ℣. Gustáte, et vidé-te quóni- am su- ávis est

Dómi-nus : be-átus vir qui spé- rat in é- o. * Qui se.

℣. Gló-ri- a Pátri, et Fí-li- o, et Spi-rí- tu-i Sáncto.

* Qui se. ℣. Sicut érat in princípi- o, et nunc, et semper,

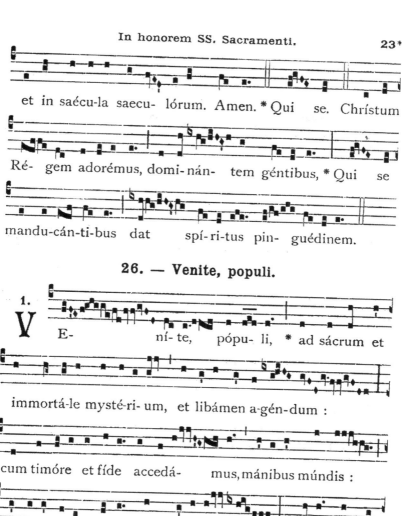

et in saécu-la saecu- lórum. Amen. * Qui se. Chrístum Ré- gem adorémus, domi-nán- tem géntibus, * Qui se mandu-cán-ti-bus dat spí-ri-tus pin- guédinem.

26. — Venite, populi.

E- ní-te, pópu- li, * ad sácrum et immortá-le mysté-ri- um, et libámen a-gén-dum : cum timóre et fíde accedá- mus, mánibus múndis : poeni-ténti-ae múnus communicé- mus : quóni-am Agnus Dé- i propter nos Pátri sacri-fí-ci- um propó-si-tum est. Ipsum só-lum ad-o-rémus : ípsum glo-ri- fi-cé-

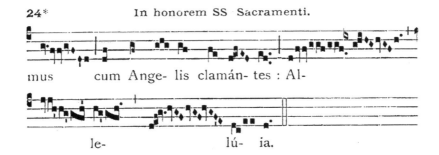

mus cum Ange- lis clamán- tes : Al-

le- lú- ia.

27. — Homo quidam.

6.

Omo quídam * fé- cit coénam mágnam, et mí-sit

sérvum sú- um hó-ra coénae dí-ce-re invi-tá-tis, ut ve-

ní- rent :* Qui- a pa-rá-ta sunt ó-

mni- a. ℣. Vení-te, comé-di-te pá- nem

mé- um, et bí- bi-te ví-num quod míscu-i vó- bis.

* Qui- a. Gló-ri- a Pátri, et Fí-li- o, et Spi- rí-tu-i Sán-

cto. * Qui- a.

28. — Unus panis.

-nus pánis * et únum cór- pus múl-ti sú- mus, * Omnes qui de ú- no pá- ne et de úno cá- li-ce par- ti- ci- pá- mus. ℣. Pa-rásti in dulcé-dine tú- a páupe-ri Dé- us, qui habi-tá-re fácis uná- nimes in dómo. * Omnes. Gló-ri- a Pátri, et Fí- li- o, et Spi- rí- tu- i Sáncto. * Omnes.

29. — Immolabit haedum.

Mmo-lábit haé- dum * multi-túdo fi- li- ó-rum

Isra- el ad vé- spe-ram Páschae : * Et é-

dent cárnes, et a-zý- mos pá- nes. ℣. Pá-

scha nóstrum immo-lá- tus est Chrí-stus : í-

taque e-pu-lé-mur in ázymis since-ri-tá- tis et

ve-ri-tá- tis. * Et. Gló-ri- a Pá-tri, et Fí-

li- o, et Spi-rí- tu- i Sáncto. * Et.

II. PRO DIVERSIS TEMPORIBUS ET FESTIS.

TEMPORE ADVENTUS.

30. — Rorate caeli desuper.

R Oráte caéli dé-super, et núbes plú- ant jústum.

Repetitur : Roráte.

1. Ne i-rascá-ris Dómine, ne ultra memíne-ris iniqui-tá-

tis : ecce cí-vi-tas Sáncti fácta est desérta : Sí- on desér-

ta fácta est : Jerúsa-lem deso-lá- ta est : dómus sancti-fi-

ca-ti- ónis tú-ae et glóri- ae tú- ae, ubi laudavérunt te

pátres nóstri. ℟. Roráte.

2. Peccávimus, et fácti súmus tamquam immúndus nos,

et ce-cídimus quasi fó-li- um uni-vérsi : et iniqui-tátes

nóstrae quasi véntus abstu-lé- runt nos : abscondísti fá-

ci- em tú- am a nóbis, et alli-sísti nos in mánu in-iqui-

tá- tis nóstrae. ℞. Roráte.

3. Víde Dómine afflicti- ónem pópu-li tú- i, et mítte

quem missú-rus es : emítte Agnum dominató-rem térrae,

de Pétra desérti ad móntem fí-li- ae Sí- on : ut áuferat

ípse júgum captivi-tá- tis nóstrae. ℞. Roráte.

4. Consolámini, conso-lámini, pópule mé- us : ci-to véni- et

sá-lus tú- a : quare maeróre consúme-ris, qui- a innovávit

te dó-lor? Salvá-bo te, nó-li timé-re, égo enim sum

Dóminus Dé-us tú- us, Sánctus Isra- el, Redémptor tú- us.

℟. Ro-ráte.

31. — En clara vox redarguit.

1.

EN clára vox redárgu- it Obscúra quaéque, pérso-

nans : Procul fugéntur sómni- a, Ab álto Jésus prómi-

cat. 2. Mens jam resúrgat tórpida, Non ámpli- us já-cens

húmi : Sídus refúlget jam nóvum, Ut tóllat ómne nóxi-

um. 3. En Agnus ad nos mítti-tur Laxáre gratis débi-tum :

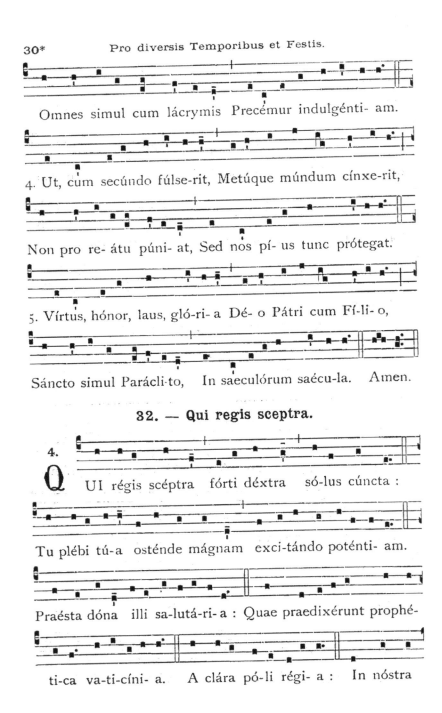

Omnes simul cum lácrymis Precémur indulgénti- am.

4. Ut, cum secúndo fúlse-rit, Metúque múndum cínxe-rit,

Non pro re- átu púni- at, Sed nos pí- us tunc prótegat.

5. Vírtus, hónor, laus, gló-ri- a Dé- o Pátri cum Fí-li- o,

Sáncto simul Parácli-to,   In saeculórum saécu-la.   Amen.

32. — Qui regis sceptra.

4.

QUI régis scéptra   fórti déxtra   só-lus cúncta :

Tu plébi tú-a osténde mágnam exci-tándo poténti- am.

Praésta dóna illi sa-lutá-ri- a : Quae praedixérunt prophé-

ti-ca va-ti-cíni- a.   A clára pó-li régi- a :   In nóstra

Jésum mítte Dómine árva. Amen.

℣. Roráte caéli désuper, et núbes plúant jústum.
℟. Aperiátur térra, et gérminet Salvatórem.

Oratio.

SUscipiámus, Dómine, misericór-diam tuam in médio templi tui : † ut reparatiónis nostrae ventúra sol- émnia * cóngruis honóribus praece-dámus. Per Christum Dóminum nostrum.

TEMPORE NATALIS DOMINI.

33. — Laetabundus.

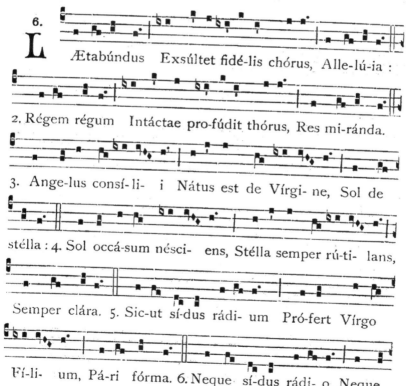

6.

Lætabúndus Exsúltet fidé-lis chórus, Alle-lú-ia :

2. Régem régum Intáctae pro-fúdit thórus, Res mi-ránda.

3. Ange-lus consí-li- i Nátus est de Vírgi- ne, Sol de

stélla : 4. Sol occá-sum nésci- ens, Stélla semper rú-ti- lans,

Semper clára. 5. Sic-ut sí-dus rádi- um Pró-fert Vírgo

Fí-li- um, Pá-ri fórma. 6. Neque sí-dus rádi- o, Neque

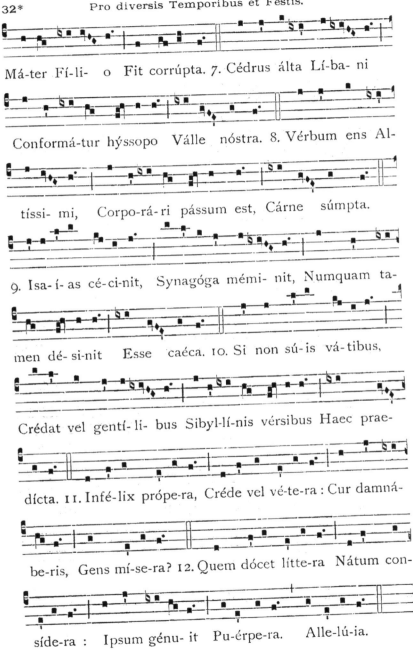

Má-ter Fí-li- o Fit corrúpta. 7. Cédrus álta Lí-ba- ni

Conformá-tur hýssopo Válle nóstra. 8. Vérbum ens Al-

tíssi- mi, Corpo-rá- ri pássum est, Cárne súmpta.

9. Isa- í- as cé-ci-nit, Synagóga mémi- nit, Numquam ta-

men dé- si-nit Esse caéca. 10. Si non sú- is vá-tibus,

Crédat vel gentí- li- bus Sibyl-lí-nis vérsibus Haec prae-

dícta. 11. Infé-lix própe-ra, Créde vel vé-te-ra : Cur damná-

be-ris, Gens mí-se-ra? 12. Quem dócet lítte-ra Nátum con-

síde-ra : Ipsum génu- it Pu-érpe-ra. Alle-lú-ia.

34. — Ecce nomen Domini.

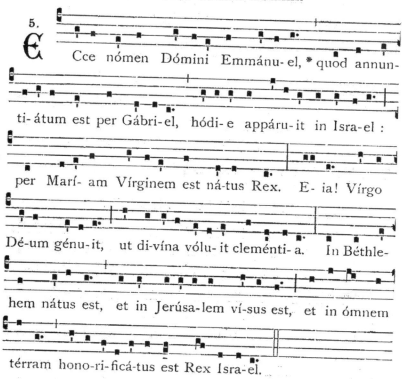

Ecce nómen Dómini Emmánu-el, * quod annun-ti-átum est per Gábri-el, hódi-e appáru-it in Isra-el : per Marí-am Vírginem est ná-tus Rex. E-ia! Vírgo Dé-um génu-it, ut di-vína vólu-it cleménti-a. In Béthle-hem nátus est, et in Jerúsa-lem ví-sus est, et in ómnem térram hono-ri-ficá-tus est Rex Isra-el.

35. — Puer natus.

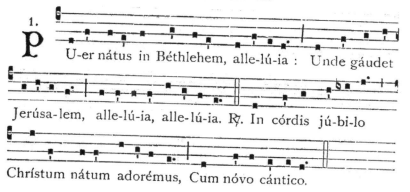

Pu-er nátus in Béthlehem, alle-lú-ia : Unde gáudet Jerúsa-lem, alle-lú-ia, alle-lú-ia. R̂. In córdis jú-bi-lo Chrístum nátum adorémus, Cum nóvo cántico.

2. Assúmpsit cárnem Fí-li- us, alle-lú-ia,   Dé- i Pátris

altíssimus,   alle-lú-ia, alle-lú-ia.   ℟. In córdis.

3. Per Gabri-é-lem núnti- um, alle-lú-ia,   Vírgo concépit

Fí-li- um,   alle-lú-ia, alle-lú-ia.   ℟. In córdis.

4. Tamquam spónsus de thá-lamo, alle-lú- ia,   Procéssit

Mátris ú-te-ro,   alle-lú-ia, alle-lú-ia.   ℟. In córdis.

5. Hic jácet in praesépi- o, alle-lú-ia,   Qui régnat sine

término,   alle-lú-ia, alle-lú-ia.   ℟. In córdis.

6. Et Ange-lus pastó-ribus, alle-lú-ia,   Revé-lat quod sit

Dóminus,   alle-lú-ia, alle-lú-ia.   ℟. In córdis.

7. Réges de Sába véni- unt, alle-lú- ia, Aurum, thus, mýr-

rham óffe-runt, alle-lú-ia, alle-lú-ia. R̴. In córdis.

8. Intrántes dómum ínvicem, alle-lú-ia, Nóvum sa-lútant

Príncipem, alle-lú-ia, alle-lú-ia. R̴. In córdis.

9. De Mátre nátus Vírgine, alle-lú-ia, Qui lúmen est de

lúmine, alle-lú-ia, alle-lú-ia. R̴. In córdis.

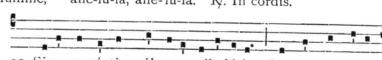

10. Sine serpéntis vúlne-re, alle-lú-ia, De nóstro vénit

sánguine, alle-lú-ia, alle-lú-ia. R̴. In córdis.

11. In carne nóbis sími-lis, alle-lú-ia, Peccáto sed dis-

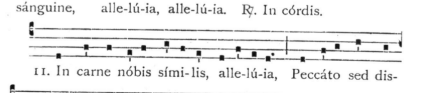

sími-lis, alle-lú-ia, alle-lú-ia. R̴. In córdis.

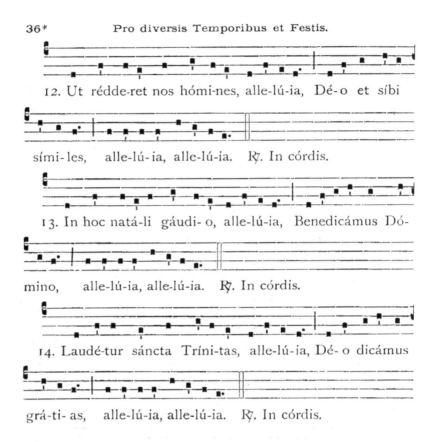

12. Ut rédde-ret nos hómi-nes, alle-lú-ia, Dé-o et síbi

sími-les, alle-lú-ia, alle-lú-ia. ℟. In córdis.

13. In hoc natá-li gáudi-o, alle-lú-ia, Benedicámus Dó-

mino, alle-lú-ia, alle-lú-ia. ℟. In córdis.

14. Laudé-tur sáncta Tríni-tas, alle-lú-ia, Dé-o dicámus

grá-ti-as, alle-lú-ia, alle-lú-ia. ℟. In córdis.

36. — O beata infantia.

O be-á-ta infánti-a, * per quam nóstri gé-ne-ris

repa-rá-ta est ví-ta! O gra-tís-simi de-lecta-bi-lésque

va-gí-tus, per quos aetér-nos plo-rá-tus e-vá-simus!

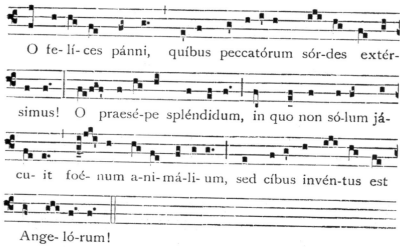

O fe-lí- ces pánni, quíbus peccatórum sór-des extér-

simus! O praesé-pe spléndidum, in quo non só-lum já-

cu- it foé- num a-ni-má-li- um, sed cíbus invén-tus est

Ange- ló-rum!

℣. Vérbum cáro fáctum est, allelúia.
℟. Et habitávit in nóbis, allelúia.

Oratio.

DA nobis, quaésumus omnipo-
tens Deus : † ut, qui nova incar-
náti Verbi tui luce perfúndimur ; * hoc in nostro respléndeat ópere,
quod per fidem fulget in ménte.
Per eúmdem Christum.

IN FESTO S. NOMINIS JESU.

37. — Jesu decus angelicum.

2.

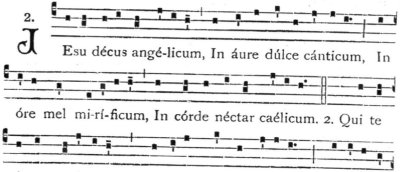

Esu décus angé-licum, In áure dúlce cánticum, In

óre mel mi-rí-ficum, In córde néctar caélicum. 2. Qui te

gústant, esú-ri-unt; Qui bíbunt, adhuc sí-ti-unt; De-side-rá-

re nésci- unt Ní-si Jésum, quem dí-ligunt. 3. O Jésu mi dul-

císsime, Spes suspi-rántis ánimae! Te quaérunt pí-ae lácri-

mae, Te clámor méntis íntimae. 4. Máne nobíscum, Dómi-

ne, Et nos illústra lúmine : Púlsa méntis ca-lí-gine,

Múndum réple dulcédine. 5. Jé-su, flos Mátris Vírgi-nis,

Amor nóstrae dulcédinis, Tíbi laus, hónor nóminis, Re-

gnum be- a- ti-túdinis.   Amen.

38. — Jesu dulcis memoria.

1.

Esu, dúlcis memó-ri- a, Dans véra córdis gáudi- a :

Sed super mel et ómni- a   Ejus dúlcis praesénti- a.

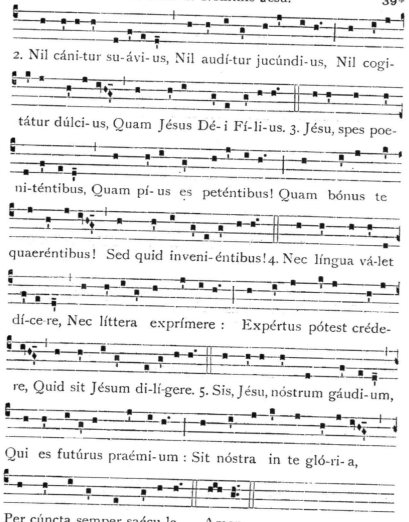

2. Nil cánitur su-ávi-us, Nil audí-tur jucúndi-us, Nil cogi-tátur dúlci-us, Quam Jésus Dé-i Fí-li-us. 3. Jésu, spes poe-ni-téntibus, Quam pí-us es peténtibus! Quam bónus te quaeréntibus! Sed quid inveni-éntibus! 4. Nec língua vá-let dí-ce-re, Nec líttera exprímere : Expértus pótest créde-re, Quid sit Jésum di-lí-gere. 5. Sis, Jésu, nóstrum gáudi-um, Qui es futúrus praémi-um : Sit nóstra in te gló-ri-a, Per cúncta semper saécu-la. Amen.

℣. Sit nómen Dómini benedíctum.
℞. Ex hoc nunc, et usque in saéculum.

Oratio.

DEus, qui unigénitum Fílium tuum constituísti humáni géneris Salvatórem, et Jesum vocári jussisti : † concéde propítius ; ut, cujus sanctum nomen venerámur in terris, * ejus quoque aspéctu perfruámur in caelis. Per eúmdem Christum Dóminum nostrum.

IN EPIPHANIA DOMINI.

39. — Illuminare.

Lluminá- re, * il-luminá- re, Je-rú-sa- lem, qui- a vé- nit lux tú- a : * Et gló- ri- a Dó- mi- ni super te órta est. ℣. Et ambu-lábunt géntes in lúmine tú- o et réges in splendó-re órtus tú- i. * Et gló- ri- a. ℣. Gló-ri- a Pátri, et Fí-li- o, et Spi-rí- tu- i Sán- cto. * Et gló- ri- a.

℣. Adoráte Déum.
℟. Omnes Angeli éjus.

Oratio.

DEus, qui hodiérna die Unigéni-tum tuum géntibus stella duce revelásti : † concéde propítius ; ut qui jam te ex fide cognóvimus, * usque ad contemplándam spéciem tuae celsitúdinis perducámur. Per eúmdem Christum Dóminum nostrum.

TEMPORE SEPTUAGESIMAE.

40. — Ego dixi, Domine. I.

-go díxi, Dómi- ne, *Mi-se-ré-re mé- i. Ego. ℣. Sána ánimam mé- am, qui- a peccá-vi tí-bi. * Mi-sé-ré- re. ℣. Gló-ri- a Pátri, et Fí-li- o, et Spi-rí-tu- i Sáncto. Ego.

41. — Ego dixi, Domine. II.

-go díxi, Dómine, * Mi-se-ré-re mé- i. Ego. ℣.Sána ánimam mé-am, qui- a peccávi tí-bi. * Mi-se-ré-re. ℣.Gló-ri- a Pátri, et Fí-li- o, et Spi-rí-tu- i Sáncto. Ego.

42. — Media vita.

Edi-a ví-ta * in mórte sú- mus : quem quaéri-

mus adju- tó-rem, ní- si te Dómi- ne? qui pro peccá-tis

nó- stris júste i-rá-sce- ris : * Sáncte Dé- us,

Sáncte fór-tis, Sáncte mi-sé-ri-cors Salvá- tor,

amárae mórti ne trá- das nos. ℣. 1. In te spera-vé-

runt pátres nó- stri; spe- ravérunt, et libe-rá- sti

é- os. * Sáncte. ℣. 2. Ad te clama-vé- runt

pátres nó- stri; cla-mavérunt, et non sunt con-fú- si.

* Sáncte. Gló-ri- a Pá- tri, et Fí- li- o,

et Spi-rí-tu- i Sán-cto. * Sáncte.

℣. Dómine refúgium fáctus es nóbis.
℞. A generatióne et progénie.

Oratio.

PReces pópuli tui, quaésumus Dómine, cleménter exáudi : † ut qui juste pro peccátis nostris afflígimur, * pro tui nóminis glória misericórditer liberémur. Per Christum Dóminum nostrum.

TEMPORE QUADRAGESIMAE.

43. — Attende Domine.

5.

A Tténde Dómine, et mi-se-rére, qui-a peccávimus

tí-bi.　*Repetitur :* Atténde.

1. Ad te Rex súmme, ómni-um Redémptor, ócu-los nóstros sublevámus fléntes : exáudi, Chríste, supplicántum

pré-ces. ℟. Atténde.

2. Déxtera Pátris, lápis angu-lá-ris, ví-a sa-lú-tis, jánu-a
caeléstis, áblu-e nóstri mácu-las de-lícti. ℟. Atténde.

3. Rogámus, Dé-us, tú-am ma-jestá-tem : áuribus sácris gé-

mi-tus exáudi : crímina nóstra plácidus indúlge. ℞. Atténde.

4. Tí-bi fatémur crímina admíssa : contrí-to córde pándi-

ınus occúlta : tú-a, Redémptor, pí- etas ignóscat. ℞. Atténde.

5. Innocens cáptus, nec repúgnans dúctus; téstibus fálsis

pro ímpi- is damná-tus :quos redemísti, tu consérva, Chríste.
℞. Atténde.

44. — Miserere et parce.

1.
Ise-ré-re et pár-ce   clementíssime Dómine

pópu-lo tú- o : * Qui- a peccá-vimus tí- bi.
Chorus repetit Miserére.

1. Prostrá-ti ómnes, lácrimas prodú-cimus : pandéntes tíbi

occúlta quae admí- simus, a te Dé-us véni- am de-póscimus. * Quia peccávimus tíbi.

2. Ora-ti-ónes sacerdótum áccipe, et quaéque póstu-lant

afflu- énter trí-bu-e : ac tú-ae plébi mi-se-ré-re Dómine.
Quia peccávimus tíbi.

3. Furó-rem tú- um adduxísti su-per nos : nóstra de-lícta

dí- re curvavé-runt nos : et absque úlla spe de-fé-cimus.
* Quia peccávimus tíbi.

4. Trádi-ti súmus má-lis quae nescímus, et ómne má-lum

írru- it su-per nos : et invocávimus, et non audí-vimus.
* Quia peccávimus tíbi.

5. Omnes clamámus, ómnes te requí-rimus : te poeniténtes

lácrimis proséquimur : cujúsque í-ram ípsi provo-cávimus.
* Quia peccávimus tíbi.

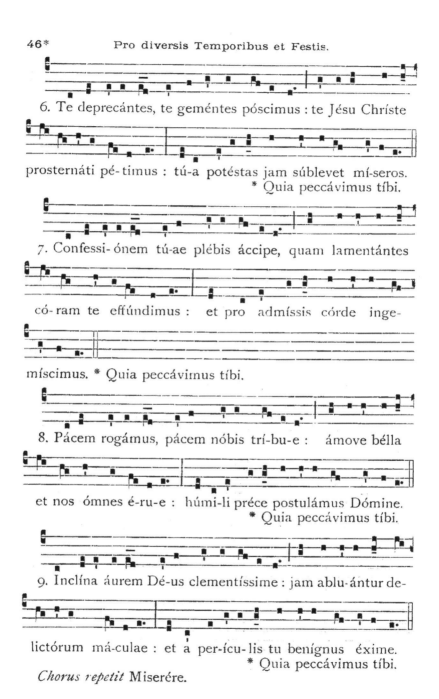

6. Te deprecántes, te geméntes póscimus : te Jésu Chríste

prosternáti pé-timus : tú-a potéstas jam súblevet mí-seros.
                                        * Quia peccávimus tíbi.

7. Confessi-ónem tú-ae plébis áccipe, quam lamentántes

có-ram te effúndimus :   et pro admíssis córde inge-

míscimus. * Quia peccávimus tíbi.

8. Pácem rogámus, pácem nóbis trí-bu-e :   ámove bélla

et nos ómnes é-ru-e :   húmi-li préce postulámus Dómine.
                                        * Quia peccávimus tíbi.

9. Inclína áurem Dé-us clementíssime : jam ablu-ántur de-

lictórum má-culae : et a per-ícu-lis tu benígnus éxime.
                                        * Quia peccávimus tíbi.

Chorus repetit Miserére.

45. — Parce Domine. I.

1. PArce Dómi-ne, párce pópu-lo tú- o : ne in aetér-

num i-rascá-ris nó-bis. *Repetitur :* Párce Dómine.

1. Flectámus í-ram víndi-cem, Plo-rémus ante Júdi-cem ;

Clamémus óre súppli-ci, Dicámus ómnes cérnu- i :
℟. Párce Dómine.

2. Nóstris má-lis offéndimus Tú- am Dé-us cleménti- am

Effúnde nóbis désuper Remíssor indulgénti- am.
℟. Párce Dómine.

3. Dans témpus acceptábi- le, Da lacrimárum rívu-lis

Lavá-re córdis víctimam, Quam laéta adú-rat cá-ri- tas.
℟. Párce Dómine.

4. Audi, benígne Cóndi-tor, Nóstras préces cum flé-tibus

In hoc sácro jejú- ni-o Fúsas quadragená-ri- o.

℟. Párce Dómine.

5. Scru-tátor álme córdi- um, Infirma tu scis ví-ri-um; Ad

te re-vérsis éxhibe Remissi-ónis grá-ti- am.

℟. Párce Dómine.

46. — Parce Domine. II.

P

Arce Dómi- ne, * párce pópu-lo tú- o : quem

redemísti pre-ti-óso Sánguine tú- o.

47. — *Ps. 50.* Miserere mei Deus.

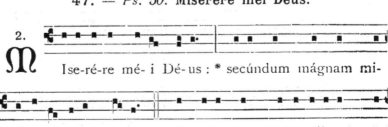

M

Ise-ré-re mé- i Dé-us : * secúndum mágnam mi-

se-ri-córdi- am tú- am. 2. Et secúndum multi-túdinem mi-

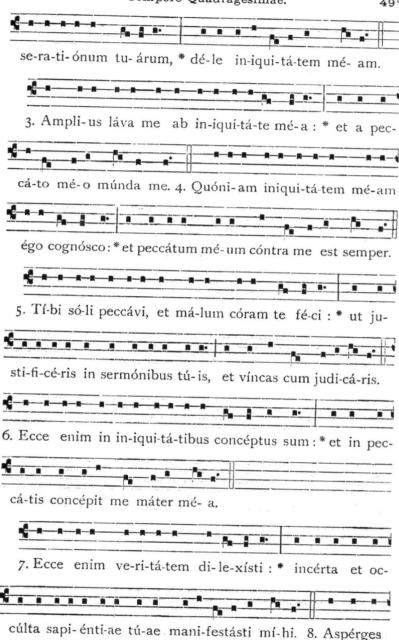

se-ra-ti-ónum tu-árum, * dé-le in-iqui-tá-tem mé- am.

3. Ampli-us láva me ab in-iqui-tá-te mé-a : * et a pec-

cá-to mé-o múnda me. 4. Quóni-am iniqui-tá-tem mé-am

égo cognósco : * et peccátum mé-um cóntra me est semper.

5. Tí-bi só-li peccávi, et má-lum córam te fé-ci : * ut ju-

sti-fi-cé-ris in sermónibus tú-is, et víncas cum judi-cá-ris.

6. Ecce enim in in-iqui-tá-tibus concéptus sum : * et in pec-

cá-tis concépit me máter mé- a.

7. Ecce enim ve-ri-tá-tem di-le-xísti : * incérta et oc-

cúlta sapi-énti-ae tú-ae mani-festásti mí-hi. 8. Aspérges

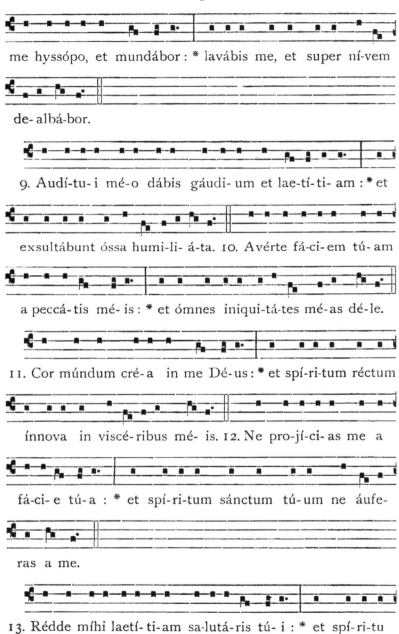

me hyssópo, et mundábor : * lavábis me, et super ní-vem

de- albá-bor.

9. Audí-tu- i mé-o dábis gáudi- um et lae-tí- ti- am : * et

exsultábunt óssa humi-li- á-ta. 10. Avérte fá-ci- em tú- am

a peccá- tis mé- is : * et ómnes iniqui-tá-tes mé-as dé-le.

11. Cor múndum cré- a in me Dé-us : * et spí-ri-tum réctum

ínnova in viscé- ribus mé- is. 12. Ne pro-jí-ci- as me a

fá-ci- e tú-a : * et spí-ri-tum sánctum tú-um ne áufe-

ras a me.

13. Rédde míhi laetí- ti-am sa-lutá-ris tú- i : * et spí-ri-tu

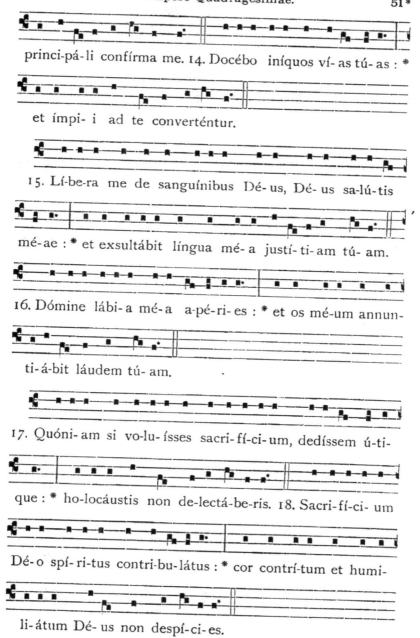

princi-pá-li confírma me. 14. Docébo iníquos ví- as tú- as : *

et ímpi- i ad te converténtur.

15. Lí-be-ra me de sanguínibus Dé- us, Dé- us sa-lú-tis

mé-ae : * et exsultábit língua mé- a justí- ti- am tú- am.

16. Dómine lábi- a mé- a a-pé-ri- es : * et os mé-um annun-

ti- á-bit láudem tú- am.

17. Quóni- am si vo-lu- ísses sacri- fí-ci- um, dedíssem ú-ti-

que : * ho-locáustis non de-lectá-be-ris. 18. Sacri- fí-ci- um

Dé-o spí- ri-tus contri-bu-látus : * cor contrí-tum et humi-

li- átum Dé- us non despí-ci- es.

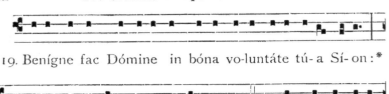

19. Benígne fac Dómine in bóna vo-luntáte tú- a Sí- on :*

ut aedi- fi-céntur mú-ri Je-rú-sa-lem. 20. Tunc acceptábis

sacri-fí-ci- um justí-ti-ae, obla-ti- ónes et ho-locáusta : *

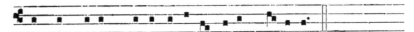

tunc impónent super altá-re tú-um ví-tu-los.

In fine omittitur Glória Pátri *et dicitur :*

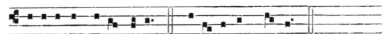

Mi-seré-re mé- i Dé-us : mi-se-ré-re mé- i.

48. — Exaudi nos Domine.

1.

E X-áudi nos Dómi-ne, *qui ex-audísti Jónam

de véntre cé- ti; exáudi nos clamántes, qui exaudí-

sti Dá-vid jacéntem in ci- lí-ci- o, clamántem et di-

cén- tem : Pár- ce, pár- ce, et de-fén- de plásma-

tum, Dé- us nó- ster.

49. — Domine, non secundum.

Omi- ne, *non secúndum pecca-

ta nóstra, quae fé-cimus nos : neque secúndum in-

iqui-tátes nó- stras re-trí- bu- as nó- bis.

℣. Dó-mine, ne memí-ne- ris in-

iqui- tátum nostrárum antiquá- rum : cí-to

antí-cipent nos mi-se-ricórdi-ae tú- ae, qui-a páu-

Hic genuflectitur.

pe-res fácti súmus nimis. ℣. Adjuva nos, Dé- us sa-

lu-tá-ris nó- ster : et propter gló-ri-am nóminis tú-i,

Dómine, líbe- ra nos : et propí-ti-us ésto

peccá-tis nó- stris, pro- pter nó-men * tú-

um.

℣. Convérte nos Déus salutáris nóster.
℟. Et avérte íram túam a nóbis.

Oratio.

Dominica I. in Quadragesima.

Deus cui próprium est miseréri semper et párcere, súscipe deprecatiónem nostram † ut nos et omnes fámulos tuos quos delictórum caténa constríngit * miserátio tuae pietátis cleménter absólvat. Per Christum Dóminum nostrum.

Dominica II. in Quadragesima.

Exáudi, quaésumus Dómine, súpplicum preces † et confiténtium tibi parce peccátis * ut páriter nobis indulgéntiam tríbuas benígnus et pacem. Per Christum Dóminum nostrum.

Dominica III. in Quadragesima.

Ineffábilem nobis Dómine misericórdiam tuam cleménter osténde † ut simul nos et a peccátis ómnibus éxuas, * et a poenis quas pro his merémur erípias. Per Christum Dóminum nostrum.

Dominica IV. in Quadragesima.

Deus qui culpa offénderis, paeniténtia placáris, † preces pópuli tui supplicántis propitius réspice * et flagélla tuae iracúndiae quae pro peccátis nostris merémur avérte. Per Christum Dóminum nostrum.

49 bis. — Divinae pacis.

Ivínae pácis * et indulgénti-ae múnere suppli-cán-

tes, ex toto córde et ex tóta ménte * Precámur te.

℞. Dó- mi- ne, mi-se- ré-re.

II. Pro Ecclé-si- a tú-a sáncta cathó-lica quae hic et

per univérsum órbem diffú-sa est, * Precámur te.

℞. Dó- mi- ne, mi-se- ré-re.

III. Pro Papa nóstro [Pí- o],[1] et ómni cléro é-jus,

omnibúsque sacerdó-tibus, ac miní-stris, * Precámur te.

℞. Dó- mi- ne, mi-se- ré-re.

Pro Papa nóstro Be-nedícto
nóstro Le-ó-ne

Pro Papa nóstro Gre- gó- ri- o
nó-stro Stéphano

[IV. Pro fámu-lo tú-o *N.* Impe-rató-re, et fámu-la tú-a

N. Impe-ratrí-ce, et ómni exérci-tu e-ó- rum, * Precá-

mur te. ℟. Dó- mi- ne, mi-se- ré-re].

V. Pro páce eccle-si- á- rum, voca-ti-óne génti- um, et

qui- é-te populó- rum, * Precámur te. ℟. Dó- mi-

ne mi-se- ré-re.

VI. Pro civi-táte hac, et conversa-ti-óne é-jus, omni-

búsque habi-tántibus in é- a, * Precámur te. ℟. Dó-

mi- ne, mi-se- ré-re.

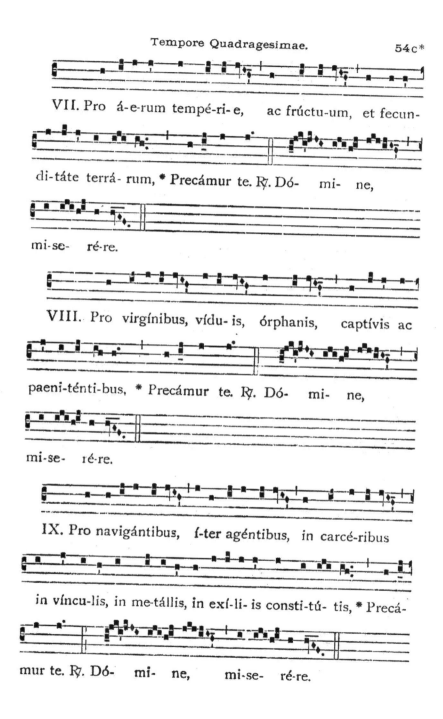

VII. Pro á-e-rum tempé-ri- e, ac frúctu-um, et fecun-

di-táte terrá- rum, * Precámur te. ℞. Dó- mi- ne,

mi-se- ré-re.

VIII. Pro virgínibus, vídu- is, órphanis, captívis ac

paeni-ténti-bus, * Precámur te. ℞. Dó- mi- ne,

mi-se- ré-re.

IX. Pro navigántibus, í-ter agéntibus, in carcé-ribus

in víncu-lis, in me-tállis, in exí-li- is consti-tú- tis, * Precá-

mur te. ℞. Dó- mi- ne, mi-se- ré-re.

X. Pro his qui divérsis infirmi-tá-tibus de-tinén-tur,

quique spi-rí-tibus vexántur immúndis, * Precámur te.

℟. Dó- mi- ne, mi-se- ré-re.

XI. Pro his qui in sáncta tú-a Ecclé-si- a frúctus

mi-se-ricórdi-ae largi- ún-tur, * Precámur te. ℟. Dó-

mi- ne, mi-se- ré-re.

XII. Exáudi nos, Dé-us, in ómni o-ra-ti-óne, atque

depreca-ti- óne nóstra, * Precámur te. ℟. Dó- mi-

ne, mi-se- ré-re.

Di-cámus ómnes : ℟. Dó- mi- ne, mi-se- ré-re.

TEMPORE PASSIONIS.

50. — Prosternimus preces.

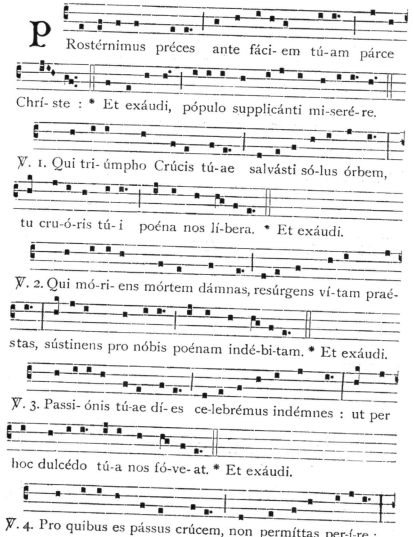

Prostérnimus préces ante fáci- em tú-am párce

Chrí- ste : * Et exáudi, pópulo supplicánti mi-seré- re.

℣. 1. Qui tri- úmpho Crúcis tú-ae salvásti só-lus órbem,

tu cru-ó-ris tú- i poéna nos lí-bera. * Et exáudi.

℣. 2. Qui mó-ri- ens mórtem dámnas, resúrgens ví-tam praé-

stas, sústinens pro nóbis poénam indé-bi-tam. * Et exáudi.

℣. 3. Passi- ónis tú-ae dí- es ce-lebrémus indémnes : ut per

hoc dulcédo tú-a nos fó-ve- at. * Et exáudi.

℣. 4. Pro quibus es pássus crúcem, non permíttas per-í-re :

sed per crúcem duc ad ví-tam perpé-tu-am. * Et exáudi.

Repetitur : Prostérnimus preces.

51. — Salve Crux sancta.

1.

S Alve Crux sáncta,   sálve múndi gló- ri- a, Vé-

ra spes nóstra,   vé-ra fé-rens gáudi- a, Sígnum salú-tis,

sá-lus in per-í-cu-lis, Vi-tá-le lígnum ví-tam fé-rens ó-

mni- um. 2. Te ado-rándam, te Crú-cem vi-ví- fi- cam,

Per te redémpti,   dúlce dé-cus saécu-li Semper laudá-

mus, semper tí-bi cánimus : Per lígnum sérvi,   per te sú-

mus lí- be-ri. 3. Ori-giná-le   crímen nécans in Crú-ce,

Nos a privá-tis Chríste múnda mácu-lis : Humani-tá-tem

mi-se-rá-tus frági- lem, Per Crú-cem sánctam lápsis dóna

vé- ni- am. 4. Pró-te-ge, sálva, béne-dic, sanctí- fi- ca

Pópulum cúnctum Crúcis per signácu-lum : Mórbos avérte

córpo-ris et ánimae : Hoc contra sígnum núllum stet per-

í- culum. 5. Sit Dé- o Pátri laus in Crúce Fí- li- i,

Sit co-aequá-lis laus sáncto Spi- rí-tu- i : Cí-vibus súm-

mis gáudi- um sit Ange- lis, Hónor sit múndo Crúcis

Exaltá- ti- o. Amen.

52 — Insurrexerunt in me.

3.

I Nsurrexérunt * in me ví-ri iníqui

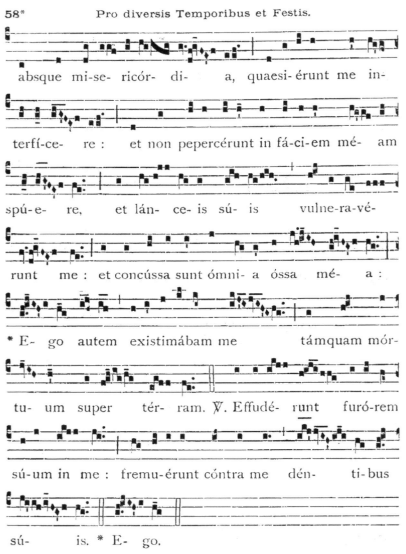

absque mi-se- ricór- di- a, quaesi-érunt me in-

terfí-ce- re : et non pepercérunt in fá-ci-em mé- am

spú-e- re, et lán- ce- is sú- is vulne-ra-vé-

runt me : et concússa sunt ómni- a óssa mé- a :

* E- go autem existimábam me támquam mór-

tu- um super tér- ram. ℣. Effudé- runt furó-rem

sú-um in me : fremu-érunt cóntra me dén- ti-bus

sú- is. * E- go.

℣. Eripe me de inimicis méis, Déus méus.
℟. Et ab insurgéntibus in me líbera me.

Oratio.

OMnípotens sempitérne Deus, qui humáno géneri ad imitándum humilitátis exémplum, Salvatórem nostrum carnem súmere, et crucem subíre fecísti : † concéde propítius ; ut et patiéntiae ipsíus habére documénta, * et resurrectiónis consórtia mereámur. Per eúmdem Christum.

IN RESURRECTIONE DOMINI.

53. — Salve festa dies.

Alve fésta di- es, tó-to venerábi-lis aévo, Qua

Dé-us inférnum ví-cit et ástra ténet.
Chorus repetit Sálve fésta.

1. Ecce renascéntis testá-tur grá-ti- a múndi Omni- a

cum Dómino dóna redísse sú-o. Sálve.

2. Namque tri- umphánti post trísti- a tárta-ra Chrí-sto

Undique frónde némus, grámina flóre fávent. Sálve.

3. Qui génus humánum cérnens mersísse profúndo, Ut

hóminem e-rípe-res, es quoque fáctus hómo. Sálve.

4. Trísti- a cessé-runt inférnae víncu-la lé-gis, Expavít-

que chá-os lúminis ó-re prémi. Sálve.

5. Pollí-ci-tam sed rédde fí-dem, précor, álma poté-stas :

Térti- a lux rédi- it, súrge sepúlte mé-us. Sálve.

6. Sólve catená- tas inférni cárce-ris úmbras, Et ré-

vo-ca súrsum quidquid ad íma rú- it. Sálve.

7. Rédde tú- am fáci- em, víde- ant ut saécu-la lúmen;

Rédde dí- em qui nos, te mo-ri- énte, fúgit. Sálve.

54. — Salve dies dierum gloria.

7.

S Alve dí- es di- é-rum gló-ri- a, Dí- es fé-lix Chrísti

victó-ri- a, Dí- es dí-gna júgi laetí-ti- a, Dí- es príma

2. Lux di-vína caécis irrádi- at, In qua Chrístus inférnum

spó-li- at, Mórtem vín-cit, et reconcí-li- at Súmmis íma.

3. Sempi-térni Régis senténti- a Sub peccá-to conclú-sit

ómni- a, Ut infírmis supérna grá-ti- a Subvení-ret.

4. Dé- i vírtus et sapi- énti- a Tempe-rávit í-ram clemén-

ti- a, Cum jam múndus in praeci-pí-ti- a Tótus í-ret.

5. Insultá-bat nóstrae mi-sé-ri- ae Vé-tus hóstis, áuctor ma-

lí-ti- ae, Qui-a núlla spes é-rat véni- ae De pec-cá-tis.

6. Despe-ránte múndo remé-di- um, Dum te-né-rent cúncta

si-lénti- um, Dé-us Pá-ter emí-sit Fí-li- um Despe- rá-tis.

7. Praédo vó-rax, mónstrum tartáre- um, Cárnem ví- dens

nec cávens láque-um, In laténtem rú-ens acúle- um, Adun-

cátur. 8. Digni-tá-tis príma condí-ti- o Reformá- tur nóbis

in Fí-li- o, Cújus nóva nos resurrécti- o Conso- látur.

9. Resurré-xit líber ab ínfe-ris Restaurá-tor humáni géne-

ris, Ovem sú-am repórtans húme-ris Ad supérna. 10. An-

ge-ló-rum pax fit et hóminum, Pleni-túdo succréscit

órdinum : Tri- umphántem laus décet Dóminum, Laus

aetérna. 11. Harmoní-ae caeléstis pátri-ae Vox concórdet

mátris Ecclé-si- ae : Alle- lú-ia frequéntet hódi- e Plebs

fidé-lis. 12. Tri-umphá-to mórtis impé-ri- o, Tri- umphá-

li fru-ámur gáudi- o : In tér- ra pax, et jubi-lá-ti- o

Sit in caélis. Amen.

℣. Surréxit Dóminus de sepúlcro. Allelúia.
℟. Qui pro nóbis pepéndit in lígno. Allelúia.

Oratio.

SPíritum nobis, Dómine, tuae caritátis infúnde † ut quos paschálibus sacraméntis satiásti * tua fácias pietáte concórdes. Per Christum Dóminum nostrum.

TEMPORE PASCHALI.

55. — Christus resurgens.

CHrístus re- súrgens * ex mór-tu- is, jam non

mó-ri-tur :   mors íl-li   ul-   tra   non domi-ná-bi-

tur : * Quod enim mórtu-us est peccá-to, mór-tu-us est

sémel; quod au-   tem   ví-vit, ví- vit Dé- o,   al-

le-   lú-ia, al-le-lú-ia. ℣. Dí-cant nunc Judaé- i

quó- modo mí-li-tes   custodi-éntes sepúlcrum   perdidé-

runt Ré-gem; ad lápidis po-si-ti- ó-nem quá-re   non ser-

vá-bant Pé- tram ju- stí- ti-ae?   Aut sepúl-tum réd-

dant, aut resúrgéntem adó- rent, nobíscum dí- céntes.

* Quo l enim. Gló-   ri- a Pá- tri,   et   Fí-   li- o,   et

Spi- rí-tu- i Sán- cto. * Quod enim.

56. — Exsultemus et laetemur.

3.

Ꭼxsultémus et laetémur hódi- e,   Dí- es íste, dí- es est laetí-ti- ae : * Alle-lú-ia,   resurré-xit Dómi- nus.

2. Exsultándi   et laetándi   témpus est : Páscha nóstrum im-
mo-látus Agnus est. * Alle-lú- ia,   resurré-xit Dómi-nus.

3. Tímor ábsit, ábsit despe- rá-ti- o :   Jam illúxit Chrísti resurrécti- o. * Alle-lú- ia,   resurré-xit Dómi- nus.

4. Ad sepúlcrum mu-lí- e-res véni-unt, Ab Ange-lo respón-sum re-cí-pi- unt. * Alle-lú-ia,   resurré-xit Dómi- nus.

5. In sepúlcro quem do-léntes quaéri-tis? Surrexísse dí-ci-te discípu- lis. * Alle-lú- ia,   resurré-xit Dómi- nus.

6. Ce-lebrántes hoc Páscha sanctíssimum, Epu-lémur ve-ri-

tá-tis ázymum. * Alle-lú-ia,   resurré-xit Dómi-nus.

7. Fermentátum expurgémus nóxi-um : Víctor súrgit, vé-ra

ví-ta ómni-um. * Alle-lú-ia,   resurré-xit Dómi-nus.

8. In hoc ergo vetustá-tis término, Sérvus líber BENE-

DÍCAT DÓMINO. * Alle-lú-ia,   resurré-xit Dómi-nus.

9. Ab ínfe-ris nunc rédit captí-vi-tas : Omnes DÉ-O re-fe-

rámus GRÁTI-AS. * Alle-lú-ia,   resurré-xit Dómi-nus.

57. — Ego sum Alpha.

1.

E-go sum * Alpha et O, prímus et no-víssimus,

In-í-ti-um et Fí-nis, qui ante múndi princí-pi-um, et in

saécu-lum saé-cu-li ví- vo in ae- térnum. E-go sum vé-

stra red-émpti- o, égo sum Rex vé-ster, égo vos resusci-

tá-bo in dí- e no- víssimo, al-le-lú-ia, alle- lú-ia.

58. — Alleluia, Lapis revolutus est.

5.

H Lle-lú- ia, Lápis revo-lútus est, alle-lú- ia, ab

ósti- o monuménti, alle-lú- ia, alle- lú- ia.

2. Alle-lú- ia, Quem quaéris mú-li- er? alle-lú- ia, vivén-

tem cum mórtu- is, alle-lú- ia, alle- lú- ia.

3. Alle-lú- ia, Nó-li flére, Ma-rí- a, alle-lú- ia : resurré-

xit Dóminus, alle-lú- ia, alle- lú- ia.

℣. et Oratio ut in die Paschae, 63*.

IN ASCENSIONE DOMINI.

59. — Omnes gentes.

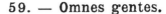

Lle-lú- ia : * Alle-lú-ia, alle-lú- ia.
Chorus repetit Alleléia.

Psalmus 46.

℣. Omnes géntes pláudi-te mánibus : jubi-láte Dé-o   in

vóce exsulta-ti- ónis. * Alle-lú-ia, alle-lú- ia.

℣. Quó-ni- am Dóminus excélsus, terrí-bi-lis : rex mágnus

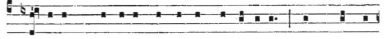

super ómnem térram.   Alle-lú-ia : alle-lú-ia, alle-lú- ia.

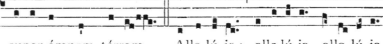

℣. Subjé-cit pópu-los nóbis : et géntes sub pédibus nóstris.

* Alle-lú-ia, alle-lú- ia.

℣. E-légit nóbis he-re-di-tátem sú-am : spé-ci- em Jácob

quam di-léxit.   Alle-lú-ia :   alle-lú-ia, alle-lú-ia.

℣. Ascéndit Dé-us in júbi-lo : et Dóminus in vóce túbae.

* Alle-lú-ia, alle-lú-ia.

℣. Psál-li-te Dé-o nóstro, psálli-te : psálli-te régi nóstro psál-

li-te.   Alle-lú-ia :   alle-lú-ia, alle-lú-ia.

℣. Quóni-am rex ómnis térrae Dé-us : psálli-te sapi-énter.

* Alle-lú-ia, alle-lú-ia.

℣. Regnábit Dé-us super géntes : Dé-us sédet super sédem

sánctam sú-am.   Alle-lú-ia :   alle-lú-ia, alle-lú-ia.

℣. Príncipes popu-lórum congregá-ti sunt cum Dé-o Abra-

ham : quóni-am dí- i fórtes térrae veheménter e-levá-ti sunt.

* Alle-lú-ia, alle-lú-ia.

℣. Gló-ri-a Pátri, et Fí-li-o,   et Spi-rí-tu-i Sáncto.

Alle-lú-ia :   alle-lú-ia, alle-lú-ia.

℣. Sicut érat in princípi-o, et nunc, et semper,   et in

saécu-la saecu-lórum. Amen. * Alle-lú-ia, alle-lú-ia.

℟. Alle-lú-ia :   alle-lú-ia, alle-lú-ia.

60. — Optatus votis omnium.

1.
O -ptá-tus vó- tis ómni- um, Sacrá- tus il-lúxit

dí- es, Quo Chrístus, mún-di spes, Dé-us Conscén-dit caé-

los árdu-os. 2. Scándens in ál-tum Dómi-nus Sédem re-

cúrrit própri-am : Gaví-sa sunt caéli régna Rédi- tu

U-nigéni-ti. 3. Mágni tri-úmphum praé-li- i, Múndi

perémpto príncipe, Pátris praesén-tat vúl- tibus Victrí-

cis cár-nis gló-ri- am. 4. Est e-levá- tus núbi-bus, Fe-cít-

que spem credéntibus : Et pa-radí- sum á- pe-rit, Quem

pro- to-plá- sti cláuse-rant. 5. O gránde cúnctis gáudi- um,

Quod pár-tus álmae Vírgi-nis, Post spú-ta, flá-gra, post

crúcem, Sédi pa- térnae júngi-tur! 6. Agámus er-go grá-

ti- as Nóstrae sa-lú-tis víndi-ci, Nóstrum córpus quod

vé- xe-rit Sublím*em* ad caé- li régi- am. 7. Sit nó-bis

cum caelésti-bus Commú- ne mánens gáudi- um, Illis

quod sé- met ób- tu-lit, Nobísque se non ábstu-lit.

8. Nunc provo-cá- tis ácti- bus Chríst*um* ope-rí- ri nos dé-

cet, Vi-táque tá- li ví- ve-re, Quae pós- sit caé- los scán-

de-re. 9. Gló- ri- a tí- bi Dómi-ne, Qui scándis su-per sí-

de-ra, Cum Pátr*e* et Sáncto Spí- ri-tu, In sempi-

tér-na saécu-la. Amen.

℣. Ascéndens Chrístus în áltum.
℟. Captívam dúxit captivitátem.

Oratio.

CONcéde, quaésumus omnípotens Deus : † ut qui hodiérna die Unigénitum tuum Redemptórem nostrum ad caelos ascendísse crédimus, * ipsi quoque mente in caeléstibus habitémus. Per eúmdem.

IN DIE PENTECOSTES.

61. — Veni Sancte Spiritus.

Eni Sáncte Spí- ri-tus,* réple tu-ó-rum córda fidé-

li-um, et tú- i amó-ris in é- is ígnem ac-cénde : qui per

di-versi-tá-tem linguárum cunctárum géntes in uni-tá-te

fíde- i congre-gásti.

62. — Beata nobis.

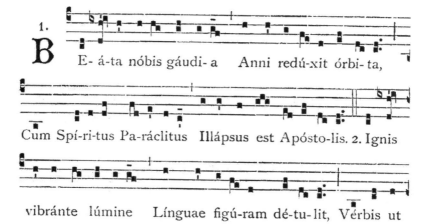

E- á-ta nóbis gáudi- a Anni redú-xit órbi- ta,

Cum Spí-ri-tus Pa-ráclitus Illápsus est Apósto-lis. 2. Ignis

vibránte lúmine Línguae figú-ram dé-tu- lit, Vérbis ut

éssent próflu- i,   Et cari-tá- te férvi-di. 3. Línguis loquún-

tur ómni- um, Turbae pávent Gentí-li- um : Músto madére

députant Quos Spí-ri-tus repléve-rat. 4. Patrá-ta sunt haec

mýsti-ce, Páschae perácto témpo-re, Sácro di-érum círcu-lo,

Quo lége fit remíssi- o. 5. Te nunc, Dé-us pi- íssime,

Vúltu precámur cérnu- o,   Illápsa nóbis caéli-tus Largí-re

dó-na Spí-ri- tus. 6. Du-dum sacrá-ta péctora Tú-a replésti

grá-ti- a : Dimítte nóstra crímina, Et da qui-é- ta témpo-

ra. 7. Dé- o Pátri sit gló-ri- a, Et Fí-li- o, qui a mórtu- is

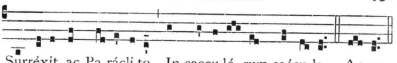

Surréxit, ac Pa-rácli-to, In saecu-ló- rum saécu-la. Amen.

63. — Qui procedis.

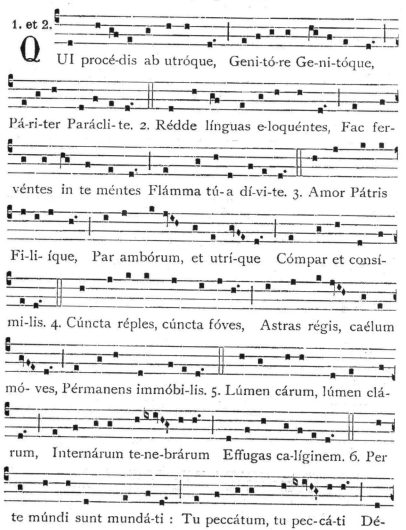

1. et 2.

QUI procé-dis ab utróque, Geni-tó-re Ge-ni-tóque,

Pá-ri-ter Parácli-te. 2. Rédde línguas e-loquéntes, Fac fer-

véntes in te méntes Flámma tú-a dí-vi-te. 3. Amor Pátris

Fi-li-íque, Par ambórum, et utrí-que Cómpar et consí-

mi-lis. 4. Cúncta réples, cúncta fóves, Astras régis, caélum

mó-ves, Pérmanens immóbi-lis. 5. Lúmen cárum, lúmen clá-

rum, Internárum te-ne-brárum Effugas ca-líginem. 6. Per

te múndi sunt mundá-ti : Tu peccátum, tu pec-cá-ti Dé-

stru-is rubíginem. 7. Ve-ri-tátem nótam fá-cis, Et osténdis

ví-am pá-cis, Et í-ter justí-ti-ae. 8. Perversórum córda

ví-tas, Et bonórum córda dí-tas Múne-re sci-énti-ae.

9. Te docénte nil obscúrum, Te regénte nil impúrum Sub

tú-a praesénti-a. 10. Glo-ri-átur mens ju-cúnda Per te

laéta; per te múnda Gáudet consci-énti-a. 11. Tu commú-

tas e-leménta : Per te sú-am sacraménta Hábent efficá-

ci-am. 12. Tu nocívam vim repéllis, Tu confútas et re-fél-

lis Hósti-um nequí-ti-am. 13. Quando vénis, córda lénis :

Quando súbis, átrae núbis   Effugit obscú-ri-tas. 14. Sácer

ígnis, cor fidé-lis   Intus ú-ris, et a cú-ris Púrgas, quando

ví-si-tas. 15. Méntes prí-us impe-rí-tas   Et sopí-tas et oblí-

tas   Erúdis et éxci-tas. 16. Fóves línguas, fórmas só

num; Cor ad bónum fá-cit prónum   A te dáta cá-ri-tas.

17. O juvámen oppressórum,   O so-lámen mi-se-rórum, Páu-

perum re-fúgi- um. 18. Da contémptum terrenórum,   Ad

amórem supernórum Tráhe de-sidé-ri- um.   Amen.

℣. Emítte Spíritum túum et creabúntur.
℟. Et renovábis fáciem térrae.

Oratio.

SAncti Spíritus, Dómine, corda | roris íntima aspersióne foecúndet.
nostra mundet infúsio : * et sui | Per Christum Dóminum nostrum.

IN FESTO SS. TRINITATIS
ET IN DOMINICIS PER ANNUM.

64. — Duo Seraphim.

1.

DU-Ō Sé- raphim * cla-má-bant álter ad álte-

rum : * Sán-   ctus, Sán-   ctus, Sán-   ctus

Dóminus Dé- us Sába- oth : † Pléna est ó- mnis

tér- ra gló-   ri-a é- jus. ℣. Tres sunt qui te-

stimóni- um dant in caé-lo, Páter, Vérbum, et Spí- ri-tus

Sánctus, et hi tres ú-num sunt. * Sán-   ctus. Gló-ri-

a Pátri, et Fí-li- o, et Spi-rí-tu- i Sán- cto. † Pléna.

65. — Adesto sancta Trinitas.

1. AD-ésto sáncta Trí-ni-tas, Par spléndor, úna Dé-i-tas, Quae éxstas rérum ómni-um Síne fí-ne prin-cí-pi-um.

2. Te caeló-rum mi-lí-ti-a Láudat, adó-rat, praédi-cat, Tríplexque múndi máchina Benedí-cit per saécu-la.

3. Adsumus et nos cérnu-i Te ado-rántes fámu-li : Vó-ta precésque súpplicum Hymnis júnge cae-lésti-um.

4. Unum te lúmen cré-di-mus, Quod et ter idem có-limus : Alpha et Oméga quem dí-cimus, Te láudat ómnis spí-ri-tus.

5. Laus Pá-

tri sit ingéni-to Laus é-jus Unigéni-to : Laus sit sán-

cto Spi-rí-tu- i, Tríno Dé- o et símpli-ci.

Amen.

66. — Te sanctum Dominum.

1.

TE sánctum Dó- minum * in excél- sis láudant

ó- mnes An- ge- li di-cén-tes : * Te de-

cet laus et ho- nor Dómi- ne. ℣. Chérubim

quoque et Sé- raphim, Sán- ctus, Sán- ctus, Sán-

ctus proclá-mant, et ómnis caé-li-cus ór- do di-céntes :

* Te. Gló-ri- a Pá-tri, et Fí- li- o, et Spi-

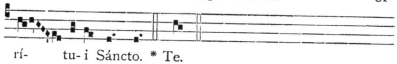

rí- tu- i Sáncto. * Te.

67. — Kyrie, fons bonitatis.

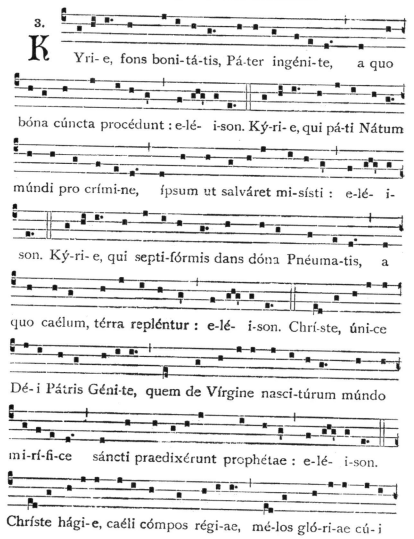

3.

Kýri- e, fons boni-tá-tis, Pá-ter ingéni-te, a quo

bóna cúncta procédunt : e-lé- i-son. Ký-ri- e, qui pá-ti Nátum

múndi pro crími-ne, ípsum ut salváret mi-sísti : e-lé- i-

son. Ký-ri- e, qui septi-fórmis dans dóna Pnéuma-tis, a

quo caélum, térra repléntur : e-lé- i-son. Chrí-ste, úni-ce

Dé- i Pátris Géni-te, quem de Vírgine nasci-túrum múndo

mi-rí-fi-ce sáncti praedixérunt prophétae : e-lé- i-son.

Chríste hági-e, caéli cómpos régi-ae, mé-los gló-ri-ae cú- i

semper ádstans pro númine Ange-ló-rum decántat ápex :

e-lé- i-son. Chríste caéli-tus ádsis nóstris pré-cibus, pró-

nis méntibus quem in térris devóte có-limus,   ad te pí- e

Jé-su clamántes : e-lé- i-son. Ký-ri-e, Spí-ri-tus álme,

cohaérens Pátri Na-tóque,   uní-us usí-ae consisténdo,

flans ab utróque : e-lé- i-son. Ký-ri-e, qui bapti-zá-to

in Jordánis únda Chrísto,   effúlgens spé-ci- e co-lumbí-

na apparu- ísti,   e-lé- i-son. Ký-ri-e, ígnis di-ví-ne,

péctora nóstra succénde,   ut dígne pá-ri-ter proclamáre

possímus semper : e-lé- i-son.

68. — Firmator sancte.

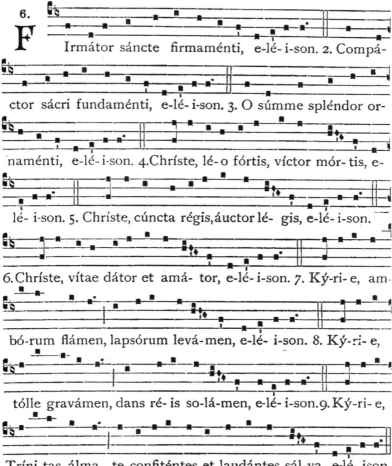

6. F Irmátor sáncte firmaménti, e-lé- i-son. 2. Compá-

ctor sácri fundaménti, e-lé- i-son. 3. O súmme spléndor or-

naménti, e-lé- i-son. 4.Chríste, lé-o fórtis, víctor mór-tis, e-

lé- i-son. 5. Chríste, cúncta régis,áuctor lé- gis, e-lé- i-son.

6.Chríste, vítae dátor et amá- tor, e-lé- i-son. 7. Ký-ri- e, am-

bó-rum flámen, lapsórum levá-men, e-lé- i-son. 8. Ký-ri- e,

tólle gravámen, dans ré- is so-lá-men, e-lé- i-son.9. Ký-ri- e,

Tríni-tas álma, te confiténtes et laudántes sál-va, e-lé- ison.

In Festo S. Trinitatis.

℣. Benedicámus Pátrem et Fílium cum Sáncto Spíritu.

℟. Laudémus et superexaltémus éum in saécula.

Oratio.

OMnípotens sempitérne Deus, qui dedísti fámulis tuis in confessióne verae fídei, aetérnae Trinitátis glóriam agnóscere, et in poténtia majestátis adoráre Unitátem : † quaésumus; ut ejúsdem fídei firmitáte, * ab ómnibus semper muniámur advérsis. Per Christum.

IN HONOREM SS. CORDIS JESU.

69. — Auctor beate saeculi.

1.

Uctor be- á·te saécu-li, Chríste Redémptor ómni- um,

Lúmen Pátris de lúmine, De- úsque vé-rus de Dé-o.

2. Amor co-égit te tú-us   Mortá-le córpus súmere,   Ut

nóvus A-dam rédde-res Quod vé-tus ílle abstú-le-rat.

3. Ille ámor álmus árti-fex   Térrae marísque et síderum,

Erráta pá-trum mí-se-rans, Et nóstra rúmpens víncu-la.

4. Non córde discé-dat tú-o   Vis ílla amó-ris ínclyti :

Hoc fónte gén-tes háuri-ant Remis-si- ó-nis grá-ti- am.

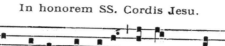

5. Percússum ad hoc est lánce-a, Passúmque ad hoc est vúl-

ne-ra, Ut nos lavá- ret sórdibus Unda flu- énte et sán-

guine. 6. Jé-su tí-bi sit gló-ri- a, Qui Córde fúndis grá-

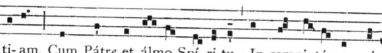

ti- am, Cum Pátre et álmo Spí- ri-tu In sempi- térna saé-

cu-la. Amen.

70. — Cor, arca legem continens.

1.

COR, árca légem cóntinens Non servi-tú-tis vé-te-

ris, Sed grá-ti-ae, sed vé-ni-ae, Sed et mi-se- ri-córdi-ae.

2. Cor, sanctu-á-ri- um nóvi Inteme-rá-tum foéde-ris,

Témplum ve-tú-sto sáncti- us, Ve-lúmque scísso u-tí-li- us.

3. Te vulne-rá-tum cári-tas Ictu pa-ténti vó-lu-it, Amó-ris

in-vi-sí-bi-lis Ut ve-ne-rémur vúlne-ra. 4. Hoc sub amó-

ris sýmbo-lo Pássus cru-énta et mýsti-ca, Utrúmque

sa-cri-fí-ci-um Chrístus Sa-cérdos óbtu-lit. 5. Quis non

amántem rédamet? Quis non redémptus dí-ligat, Et

Córde in í-sto sé-ligat Æterna ta-bernácu-la? 6. Jé-su, tí-

bi sit gló-ri-a, Qui Córde fúndis grá-ti-am, Cum Pátre et

álmo Spí-ri-tu In sempi-térna saécu-la. Amen.

71. — Cor Jesu amantissimum.

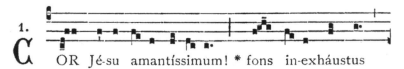

1.

OR Jé-su amantíssimum! * fons in-exháustus

bonórum ómni-um, ví- a et ví- ta nóstra, Pax nóstra,

reconci- li- á-ti- o nóstra, exémplar nóstrum, refúgi- um

nó- strum, gáudi- um nóstrum, exí-li- i nóstri so- lá-ti- um.

Tí- bi laus, tí- bi gló-ri- a, tí-bi gra-ti- árum ácti- o : tí-bi

impé- ri- um córdi- um * in ae- tér-num, alle- lú- ia.

Post Septuages. in ae- térnum.

72. — Cor Jesu, caritatis victima. I.

1.

C OR Jésu, ca-ri-tá-tis víctima, vení-te adorémus.

Cor Jé-su.

℣. Majó-rem hac di- lecti- ónem némo há- bet, ut ánimam

sú-am pónat quis pro amí-cis sú- is. Cor Jé-su.

℣. Chrístus pro nóbis ánimam sú- am pósu- it, et lávit

nos a peccá-tis nóstris in Sánguine sú- o. Cor Jé-su.

℣. Gló-ri- a Pátri, et Fí-li- o, et Spi-rí-tu- i Sáncto.

Cor Jé-su.

73. — Cor Jesu, caritatis victima. II.

3.

C OR Jésu, ca-ri-tá-tis víctima, ve-ní-te adorémus.

Cor Jé-su.

℣. Majó-rem hac di-lecti- ónem némo há-bet, ut ánimam

sú-am pónat quis pro amí- cis sú- is. Cor Jé-su.

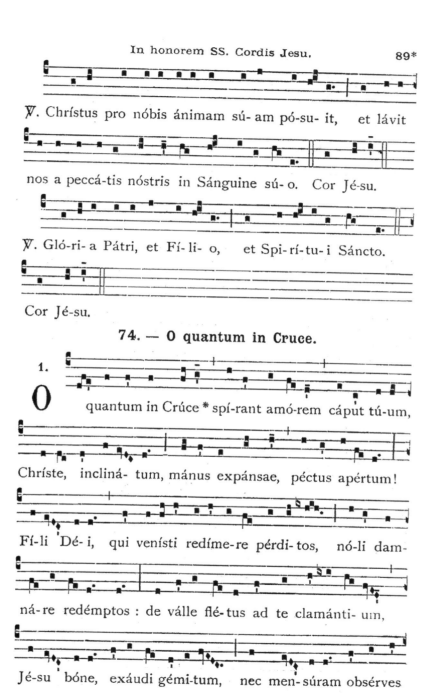

℣. Chrístus pro nóbis ánimam sú- am pó-su- it, et lávit

nos a peccá-tis nóstris in Sánguine sú- o. Cor Jé-su.

℣. Gló-ri- a Pátri, et Fí- li- o, et Spi- rí-tu- i Sáncto.

Cor Jé-su.

74. — O quantum in Cruce.

1.

O quantum in Crúce * spí-rant amó-rem cáput tú-um,

Chríste, incliná- tum, mánus expánsae, péctus apértum!

Fí-li Dé- i, qui venísti redíme-re pérdi- tos, nó-li dam-

ná-re redémptos : de válle flé-tus ad te clamánti- um,

Jé-su bóne, exáudi gémi-tum, nec men-súram obsérves

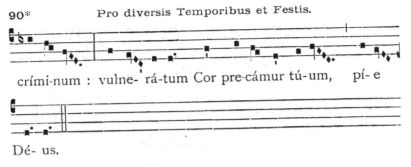

crími-num : vulne- rá-tum Cor pre-cámur tú-um, pí-e

Dé- us.

75. — Summi Parentis Filio.

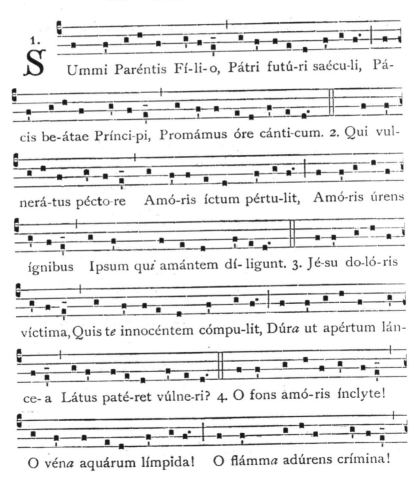

1. **S**Ummi Paréntis Fí-li-o, Pátri futú-ri saécu-li, Pá-

cis be-átae Prínci-pi, Promámus óre cánti-cum. 2. Qui vul-

nerá-tus pécto-re Amó-ris íctum pértu-lit, Amó-ris úrens

ígnibus Ipsum qui amántem dí-ligunt. 3. Jé-su do-ló-ris

víctima, Quis te innocéntem cómpu-lit, Dúra ut apértum lán-

ce-a Látus paté-ret vúlne-ri? 4. O fons amó-ris ínclyte!

O véna aquárum límpida! O flámma adúrens crímina!

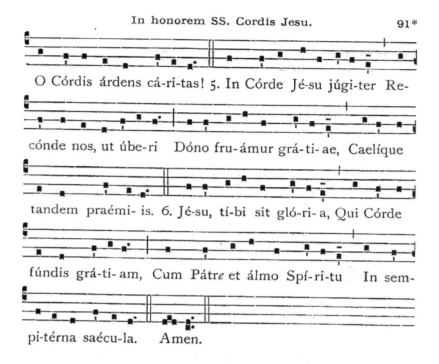

O Córdis árdens cá-ri-tas! 5. In Córde Jé-su júgi-ter Re-

cónde nos, ut úbe-ri Dóno fru-ámur grá-ti-ae, Caelíque

tandem praémi- is. 6. Jé-su, tí-bi sit gló-ri- a, Qui Córde

fúndis grá-ti- am, Cum Pátre et álmo Spí-ri-tu In sem-

pi-térna saécu-la. Amen.

76. — Sieut dilexit me.

Icut * di-léxit me Pá- ter, et é- go

di- léxi vos : * Mané- te in di-le- cti- ó- ne

mé- a. ℣. Si praecépta mé- a servavé-ri-tis, manéte

in di-lecti- óne mé- a, sic-ut et égo Pátris mé- i prae-

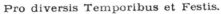

cépta servá- vi,   et máne-o in éjus di- lecti- ó-

ne. * Mané- te.   Gló-ri- a   Pátri, et Fí-li- o,

et Spi-rí- tu- i   Sán- cto.   * Mané- te.

℣. Hauriétis áquas in gáudio.
℟. De fóntibus Salvatóris.

Oratio.

DEus qui nobis, in Corde Fílii tui, nostris vulneráto peccátis, infinítos dilectiónis thesáuros misericórditer largíri dignáris : † concéde, quaésumus; ut illi devótum pietátis nostrae praestántes obséquium, * dignae quoque satisfactiónis exhibeámus offícium. Per eúmdem Christum Dóminum nostrum.

77. — Litaniae Ss. Cordis Jesu.

4.

K Yri- e e-lé- i-son. *ij.* Chríste e-lé- i-son. *ij.* Kýri- e

e-lé- i-son. *ij.* Chríste áudi nos. *ij.* Chríste exáudi nos. *ij.*

Pá- ter de caé-   lis Dé- us, mi-seré-re nó-bis.
Fí- li Red- émptor múndi Dé- us, mi-seré-re nó-bis.
Spí- ri- tus Sán-   cte Dé- us, mi-seré-re nó-bis.
Sáncta Trí- ni- tas ú-nus Dé- us, mi-seré-re nó-bis.

1. Cor Jé-su, Fí-li- i Pátris aetér-ni, mi-seré-re nó-bis.

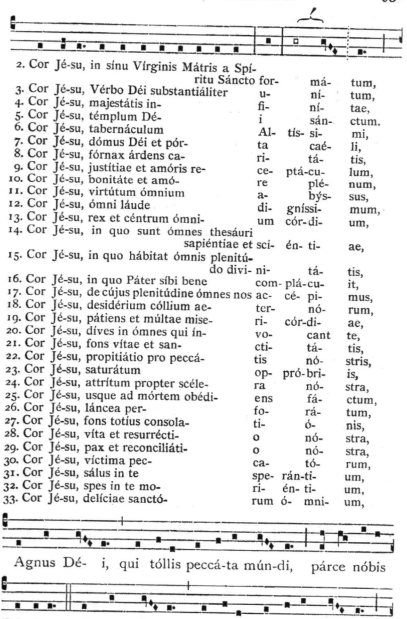

2. Cor Jé-su, in sínu Vírginis Mátris a Spíritu Sáncto for- má- tum,
3. Cor Jé-su, Vérbo Déi substantiáliter u- ní- tum,
4. Cor Jé-su, majestátis in- fi- ní- tae,
5. Cor Jé-su, témplum Dé- i sán- ctum.
6. Cor Jé-su, tabernáculum Al- tís- si- mi,
7. Cor Jé-su, dómus Déi et pór- ta caé- li,
8. Cor Jé-su, fórnax árdens ca- ri- tá- tis,
9. Cor Jé-su, justítiae et amóris re- ce- ptá-cu- lum,
10. Cor Jé-su, bonitáte et amó- re plé- num,
11. Cor Jé-su, virtútum ómnium a- býs- sus,
12. Cor Jé-su, ómni láude di- gníssi- mum,
13. Cor Jé-su, rex et céntrum ómni- um cór-di- um,
14. Cor Jé-su, in quo sunt ómnes thesáuri
sapiéntiae et sci- én- ti- ae,
15. Cor Jé-su, in quo hábitat ómnis plenitú-
do divi- ni- tá- tis,
16. Cor Jé-su, in quo Páter síbi bene com- plá-cu- it,
17. Cor Jé-su, de cújus plenitúdine ómnes nos ac- cé- pi- mus,
18. Cor Jé-su, desidérium cóllium ae- ter- nó- rum,
19. Cor Jé-su, pátiens et múltae mise- ri- cór-di- ae,
20. Cor Jé-su, díves in ómnes qui ín- vo- cant te,
21. Cor Jé-su, fons vítae et san- cti- tá- tis,
22. Cor Jé-su, propitiátio pro peccá- tis nó- stris,
23. Cor Jé-su, saturátum op- pró-bri- is,
24. Cor Jé-su, attrítum propter scéle- ra nó- stra,
25. Cor Jé-su, usque ad mórtem obédi- ens fá- ctum,
26. Cor Jé-su, láncea per- fo- rá- tum,
27. Cor Jé-su, fons totíus consola- ti- ó- nis,
28. Cor Jé-su, víta et resurrécti- o nó- stra,
29. Cor Jé-su, pax et reconciliáti- o nó- stra,
30. Cor Jé-su, víctima pec- ca- tó- rum,
31. Cor Jé-su, sálus in te spe- rán-ti- um,
32. Cor Jé-su, spes in te mo- ri- én-ti- um,
33. Cor Jé-su, delíciae sanctó- rum ó- mni- um,

Agnus Dé- i, qui tóllis peccá-ta mún-di, párce nóbis

Dómine. Agnus Dé- i, qui tóllis peccá-ta mún-di,

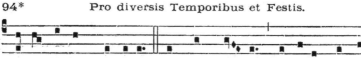

exáudi nos, Dómine.   Agnus Dé-   i, qui tóllis peccá-ta

mún-di,   mi-se-ré-re nó-bis.

℣. Jésu mítis et húmilis Córde.

℟. Fac cor nóstrum secúndum Cor túum.

Orémus.

OMnípotens sempitérne Deus, réspice in Cor dilectíssimi Fílii tui, et in laudes et satisfactiónes quas in nómine peccatórum tibi persólvit, † iísque misericórdiam tuam peténti-bus, Tu véniam concéde placátus, * in nómine ejúsdem Fílii tui Jesu Christi : Qui tecum vivit et regnat in saécula saeculórum. Amen.

IN FESTO D. N. J. C. REGIS.

78. — Te saeculorum Principem.

1.

TE saecu-ló-rum Príncipem, Te, Chríste, Ré-gem Génti-um, Te ménti-um, Te córdi-um   Unum fa-témur ár-bi-trum. 2. Sce-lésta túrba clámi-tat : Regnáre Chrístum nó-lumus : Te nos ován-tes ómni-um   Régem suprémum dí-cimus. 3. O Chríste, Prínceps Páci-fer, Méntes re-bél-les súbji-ce : Tu-óque amó- re dévi- os   Ovíle in

ú-num cóngre-ga. 4. Ad hoc cru- énta ab árbo-re   Péndes

a-pértis bráchi- is : Di-ráque fós-sum cúspide   Cor

ígne flágrans éxhi-bes. 5. Ad hoc in á- ris   ábde-ris Ví-

ni da-písque imá-gine,   Fúndens sa-lú- tem fí-li- is

Transverbe-rá-to pé-cto-re. 6. Te na-ti- ó-num Praésides

Ho-nó-re tól-lant públi-co, Có-lant magí-stri, júdi-ces,

Léges et ártes éxprimant. 7. Submíssa ré-gum fúlge- ant

Tí-bi di- cáta insígni- a : Mi-tíque scéptro pátri- am

Domósque súbde cí- vi- um. 8. Jésu tí-bi sit gló-ri- a,

Qui scéptra múndi témpe-ras, Cum Pátre et ál-mo Spí-ri-

tu,   In sempi-térna saé-cu-la.   Amen.

79. — Vexilla Christus inclyta.

1.
Exílla Chrístus íncly-ta   Lá-te tri- úmphans éxpli-

cat : Géntes ad-éste súppli-ces, Regíque ré- gum pláudi-te.

2. Non Ille régna cládibus, Non vi metúque súbdi-dit:

Alto le- vá-tus stí-pi- te,   Amó-re trá- xit ómni- a.

3. O ter be- á-ta cí-vi-tas   Cui ri-te Chrístus ímpe-rat,

Quae jússa pérgit éxsequi   Edícta múndo caéli-tus!

4. Non árma flágrant ímpi- a,   Pax usque fírmat foéde-ra,

Arrí-det   et concórdi- a,   Tú-tus stat ór- do cí-vi-cus.

5. Sérvat fídes connúbi- a,   Juvénta púbet íntegra,   Pudí-

ca fló-rent límí-na Domésti-cis   virtú-tibus. 6. Optá-ta nó-

bis splénde- at   Lux ísta, Rex dulcíssime :   Te, páce a- dé-

pta cándi-da,   Adó-ret ór-bis súbdi-tus. 7. Jésu, tí-bi sit gló-

rí- a, Qui scéptra múndi témpe-ras, Cum Pátre et   álmo

Spí-ri-tu,   In sempi-tér-na saécu-la.   Amen.

80. — Tua est potentia.

TU- a est * po-tén-ti- a,   tú- um ré- gnum, Dó-

mi- ne : tu   es super ómnes gén- tes : * Da pá-

cem, Dó- mi- ne,   in di- é- bus nó- stris.

℣. Cre- á- tor ómni- um, Dé- us, terrí-bi- lis et fór- tis,

jústus et mi-sé- ri- cors. * Da pá-cem. ℣. Gló- ri- a

Pátri, et Fí-li- o,   et Spi-rí- tu- i   Sán-cto.

* Da pá-cem.

81. — Dabit illi.

Abit íl-li * Dóminus Dé- us   sé-dem Dávid, pátris

é-jus : et regná- bit in dómo Jácob in ae-térnum. et régni é-jus non é-rit fí- nis, alle-lú- ia.

Agní-fi-cat * ánima mé- a Dómi-num. 2. Et exsul-

távit spí- ri-tus mé- us, * in Dé- o sa-lutá-ri mé- o.

3. Qui- a respéxit humi-li-tá-tem ancíllae sú- ae : * ecce

énim ex hoc be- á-tam me dí-cent ómnes gene-ra-ti- ónes.

4. Qui- a fé-cit míhi mágna qui pót-ens est : * et sánctum nó-

men é-jus.

5. Et mi-se-ricórdi- a é-jus a progéni- e in progé-ni- es *

timéntibus é- um. 6. Fé-cit poténti- am in bráchi- o sú- o : *

dispérsit supérbos ménte córdis sú- i.

7. Depósu- it pot-éntes de sé-de, * et exaltávit húmi-

les. 8. Esu-ri-éntes implé-vit bó-nis : * et dí-vi-tes dimí-

sit inánes.

9. Suscépit Isra-el pú- erum sú- um, * recordátus mi-se-

ricórdi-ae sú- ae. 10. Sic-ut locútus est ad pátres nóstros, *

Abraham, et sémini é-jus in saécu-la.

11. Gló-ri- a Pá-tri, et Fí-li- o, * et Spi-rí-tu- i Sáncto.

12. Sicut é-rat in princípi- o, et nunc, et semper, * et in saé-

cu-la saecu-lórum. Amen. *Repetitur* Dábit ílli. *ut supra.*

℣. Adorábunt éum ómnes réges térrae.
℟. Omnes géntes sérvient éi.

Oratio.

OMnípotens sempitérne Deus, qui in dilécto Fílio tuo, universórum Rege, ómnia instauráre voluísti : † concéde propítius; ut cunctae famí-liae Géntium, peccáti vúlnere dis-gregátae, * ejus suavíssimo subdán-tur império : Qui tecum vivit et regnat in saécula saeculórum.

IN FESTO OMNIUM SANCTORUM.

82. — Vidi Dominum.

Idi Dóminum * se-dén- tem super só-li- um ex-
cél- sum et e- le-vá- tum, et pléna é-rat
ómnis térra ma-jestá-te é- jus : * Et é- a
quae sub ípso é- rant re- plé- bant témplum.

℣. Sé-raphim stábant super íl- lud : sex álae úni, et
sex á- lae ál- te- ri. * Et é- a. ℣. Gló-
ri a Pátri, et Fí-li- o, et Spi-rí- tu- i Sáncto. * Et é- a.

83. — Vidi Dominum.

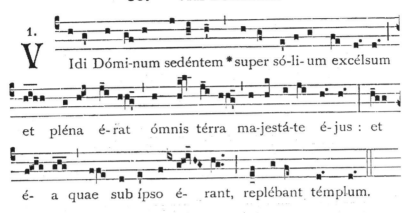

VIdi Dómi-num sedéntem * super só-li- um excélsum et pléna é-rat ómnis térra ma-jestá-te é-jus : et é- a quae sub ípso é- rant, replébant témplum.

84. — Te gloriosus.

TE glo-ri-ó- sus * Aposto-ló-rum chórus, te Prophe-tá-rum laudá-bi-lis númerus : te Mártyrum candidá- tus láu-dat ex-érci-tus : te ómnes e-lécti vóce confi-tén-tur u-nánimes : be- á-ta Trí-ni-tas, únus Dé- us.

℣. Jústi autem in perpétuum vívent.
℟. Et apud Dóminum est mérces eórum.

Oratio.

DA, quaésumus Dómine, † fidéli-bus pópulis ómnium Sanctó-rum semper veneratióne laetári · * et eórum perpétua supplicatióne muníri. Per Christum Dóminum nostrum.

PRO FIDELIBUS DEFUNCTIS.

85. — Congregati sunt.

1.

Ongregá- ti sunt, Dé-us, * ad devorán-

dum me se-du-ctó- res mé- i, scrípta tenéntes

má- la quae gés- si. Ergo vo-ci-fe-rán-tur dicéntes :

Dé- us de-re-líquit é- um, persequími-ni et comprehéndi-

te é- um : qui- a non est qui líbe-ret é- um. * Dé- us

mé- us, ne e-longé-ris a me, Dé- us mé- us, in auxí-

li- um mé- um ré- spi-ce : Dé- us mé- us, in adju-

tó- ri- um mé- um intén-de.

℣. De-lícta juventú-tis mé- ae ne memíne-ris, Dómine, et ne avértas fá-ci- em tú- am a me : quó-
ni- am trí- bu- lor, ve-ló-ci-ter exáudi me,
Dómi- ne. * Dé- us mé- us. ℣. Réqui- em
aetér- nam dóna é- is Dó- mine : et lux perpé-
tu-a lúce- at é- is. * Dé-us mé- us.

IN DEDICATIONE ECCLESIAE.

86. — Jerusalem et Sion.

Erúsa-lem et Sí- on fí-li-ae, Coétus ómnis fidé-lis
cú-ri-ae, Mé-los pángant júgis laetí-ti-ae : Alle-lú-ia.

2. Chrístus enim, nórma justí-ti-ae, Mátrem nóstram despón-

sat hódi- e, Quam de lácu tráxit mi-sé-ri-ae, Ecclé-si- am.

3. Hanc sánguinis et áquae múne-re, Dum pénde-ret in

crúcis árbore, De própri- o prodúxit láte-re Dé- us hómo.

4. Forma-rétur ut sic Ecclé-si- a, Figurá-tur in príma fémi-

na, Quae de cóstis Adae est édi-ta Máter Héva. 5. Héva

fú- it novérca póste-ris : Haec est máter e-lécti géne-ris,

Vítae párens, asý-lum mí-se-ris, Et tuté- la. 6. Haec est cým-

ba qua tú-ti véhimur, Hoc oví-le quo técti cóndimur : Haec

co-lúmna qua fírmi ní-timur Ve-ri-tá-tis. 7. O sol-émnis

féstum lae-tí- ti-ae, Quo uní-tur Chrístus Ecclé-si-ae   In

quo nóstrae salú-tis núpti-ae Ce-lebrántur,   Jústis inde sol-

vúntur praémi- a Lápsis autem donátur véni- a :   Et san-

ctó-rum augéntur gáudi- a   Ange-ló-rum. 9. Ab aetérno

fons sapi- énti-ae, Intú- i-tu so-lí- us grá-ti-ae Sic praeví-

dit in rérum sé-ri- e   Haec fu-tú-ra. 10. Chrístus júngens

nos sú- is núpti- is, Recre- á-tos vé-ris de-lí-ci- is,   Inter-

ésse fáci- at gáudi- is   Electó-rum. A-men.

87. — Urbs Jerusalem.

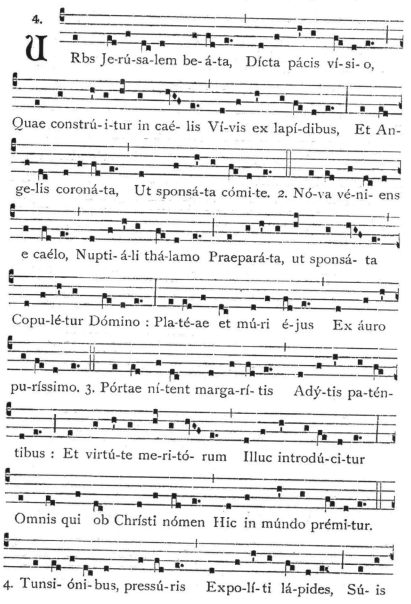

4.

Rbs Je-rú-sa-lem be- á-ta, Dícta pácis ví- si- o,

Quae constrú- i-tur in caé- lis Ví-vis ex lapí-dibus, Et An-

ge-lis coroná-ta, Ut sponsá-ta cómi-te. 2. Nó-va vé-ni- ens

e caélo, Nupti- á-li thá-lamo Praepará-ta, ut sponsá- ta

Copu-lé-tur Dómino : Pla-té-ae et mú-ri é-jus Ex áuro

pu-ríssimo. 3. Pórtae ní-tent marga-rí- tis Adý-tis pa-tén-

tibus : Et virtú-te me-ri-tó- rum Illuc introdú-ci-tur

Omnis qui ob Chrísti nómen Hic in múndo prémi-tur.

4. Tunsi- óni- bus, pressú-ris Expo-lí-ti lá-pides, Sú- is

co-aptántur ló- cis   Per mánus artí- fi-cis,   Disponúntur

permansú- ri   Sácris aedi-fí-ci- is. 5. Angu- lá-ris funda-

méntum Lápis Chrístus míssus est, Qui pa-rí- e-tum com-

pá- ge   In utróque nécti-tur, Quem Sí- on sáncta suscé-

pit,   In quo crédens pérmanet. 6. Omnis íl-la Dé- o sá-

cra   Et di-lécta cí-vi-tas, Pléna módu-lis, in láu-de,   Et

canóre jú-bi-lo, Trínum Dé- um uni-cúmque   Cum fervó-

re praédi-cat. 7. Hoc in témplo, súmme Dé- us, Exorá-tus

ádveni;   Et cleménti boni-tá- te Précum vó-ta súscipe;

Lárgam bene-dicti- ó-nem Hic infúnde jú-gi-ter. 8. Hic pro-

me-re- ántur ómnes Pe-tí-ta acquí-re-re, Et adépta possi-

dé- re, Cum sánctis per-énni-ter Pa-ra-dí-sum intro- í-re,

Translá-ti in réqui- em. 9. Gló-ri- a et hónor Dé- o

Usquequáque altíssimo, Una Pátri, Fi-li- ó-que, Incly-

to Pa-rácli-to, Cú- i laus est et pot-éstas Per aetérna saé-

cu-la. Amen.

88. — Pax aeterna.

1.
P AX ae- térna ab Ætérno hú- ic dómu- i.

Pax per- énnis, Vérbum Pátris, sit pax hú- ic dó-

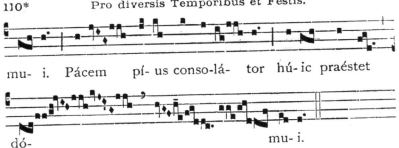

mu- i.   Pácem   pí- us conso-lá-   tor hú- ic praéstet

dó-   mu- i.

℣. Haec est dómus Dómini fírmiter aedificáta.
℟. Bene fundáta est supra fírmam pétram.

Oratio.

DEus, qui de vivis et eléctis lapídibus aetérnum majestáti tuae praéparas habitáculum : † auxiliáre pópulo tuo supplicánti; ut, quod Ecclésiae tuae corporálibus próficit spátiis, * spirituálibus amplificétur augméntis. Per Christum Dóminum nostrum.

III. IN HONOREM B. MARIÆ VIRG.

TEMPORE ADVENTUS.

89. — O Virgo virginum.

O Vírgo vírginum, * quómodo fí- et ístud? qui- a nec prímam sími-lem ví-sa es, nec habé-re sequén-tem. Fí-li- ae Je-rú-sa-lem, quid me admi-rámi- ni? Di-vínum est mysté-ri- um, hoc quod cérni-tis.

90. — Gaude Dei Genitrix.

Gaude Dé- i Géni-trix, * Vírgo imma-cu-lá-ta; gáu-de, quae gáudi- um ab Ange-lo susce- pí-sti; gáude, quae genu- ísti aetérni lúmi-nis cla-ri-tá-tem; gáude Má-ter,

gáude sáncta Dé- i Gé-nitrix Vírgo : tu só-la máter

innúpta; te láudat ómnis factú-ra Geni-trí-cem lú-cis :

sis pro nóbis, quaésumus, perpé-tu- a inter-véntrix.

91. — Ave Maria.

1.

A -ve Ma- rí- a, * grá-ti- a pléna, Dóminus técum,

benedícta tu in mu-li- é-ribus, et benedíctus frúctus vén-

tris tú- i, Jésus. Sáncta Ma-rí- a, Máter Dé- i, óra pro

nó-bis pecca-tóri-bus, nunc et in hó- ra mórtis nóstrae. Amen.

℣. Benedícta tu in muliéribus.
℟. Et benedíctus frúctus véntris túi.

Oratio.

DEus, qui de beátae Maríae Vírginis útero, Verbum tuum, Angelo nuntiánte, carnem suscípere voluísti : † praesta supplícibus tuis; ut, qui vere eam Genitrícem Dei crédimus, * ejus apud te intercessiónibus ádjuvémur. Per eúmdem Christum Dóminum nostrum.

IN CONCEPTIONE IMMACULATA B. M. V.

92. — Tota pulchra es.

Tota púlchra es, * amí-ca mé- a, et mácu-la non est in te; fá-vus dístillans lá-bi- a tú-a; mel et lac sub língua tú- a; ó- dor unguentórum tu- ó- rum super ómni- a a-róma-ta : jam enim hí- ems tránsi- it, ímber ábi- it et recés- sit : flóres apparu-é- runt, víne-ae floréntes odó-rem dedé-runt, et vox túrtu-ris audí-ta est in térra nóstra : súrge, própera a-mí-ca mé- a : vé- ni de Lí-bano, vé-ni, co-ro- ná-be-ris.

93. — Immaculatam.

Immaculá- tam Concepti- ó-nem * Vírginis perpé-tu-ae, Genitrí-cis Dé- i Ma-rí-ae sol-émni-ter ce- lebré-mus; ut é-jus pré- ce de pro- fúndo mi-sé-ri-ae li-be-rá- ti, inter fí-li- os † mi-se-ri-cór-di- ae respi-ré-mus, alle-lú- ia, alle-lú- ia. *Post Septuagesimam :* † mi-se-ri-cór-di- ae respi- ré-mus.

94. — In hoc cognovi.

6.

In hoc cognó- vi * Quóni- am vo-lu- ísti me.

℣. Quóni-am non gaudébit in-imícus mé- us super me.

℣. Gló-ri- a Pátri, et Fí- li- o, et Spi- rí- tu- i Sáncto.

℣. Benedícta tu in muliéribus.
℟. Et benedíctus frúctus véntris túi.

Oratio.

SUpplicatiónem servórum tuó- rum Deus miserátor exáudi † ut qui in Conceptióne Immaculáta sanctae Dei Genitrícis et Vírginis congregamur * ejus intercessióni- bus a te de instántibus perículis eruámur. Per eúmdem Christum Dóminum nostrum.

TEMPORE NATALIS DOMINI.

95. — Beata es Virgo Maria.

1.

B E- á-ta es * Vírgo Ma-rí- a, quae Dóminum por-

tá- sti Cre-ató-rem múndi : genu- í- sti qui te fé- cit,

et in ae-tér- num pérmanes Vírgo; ó- ra pro nó- bis

Dó-minum Jé-sum Chrí-stum.

96. — O mira res.

8.

O mí-ra res! * fí-li- a láctat Pátrem, cre-a-túra

Cre- a-tó-rem, fámula Dominán- tem. O be-á-ta Máter!

Nº 807. — 5

quae úbe-re é-um lá- ctat, qui ómnibus úbe-ra mi-se-ri-

córdi-ae propí-nat.

97. — O mundi Domina.

2.

O múndi Dómi-na, * régi- o ex sémine órta,

ex tú-a jam Chrístus procéssit álvo, támquam spón-

sus de thá-la- mo : hic jácet in praesé-pi- o, qui et

síde-ra ré-git.

98. — Salve Virgo singularis.

6.

S Alve Vírgo singu-lá-ris : Vírgo mánens Dé- um pá-

ris, Ante saécla gene-rátum Córde Pátris : Adorémus

nunc cre- á-tum Cárne Mátris. 2. Nos Ma-rí- a tú- a préce

A peccá-ti púrga foéce : Nóstri cúrsum inco-lá-tus Sic

dispóne, Ut det sú-a frú- i Nátus vi-si-óne.

99. — Sancta et immaculata.

2.

S Ancta * et immacu-lá- ta vir- gí-ni-

tas, quíbus te láu-di- bus éffe- ram, né- sci- o :

* Qui- a quem caéli cápe-re non pót- erant, tú-o

gré-mi- o contu-lí-sti. ℣. Benedí-cta tu in mu-li-é-ri-

bus, et benedíctus frúctus véntris tú- i. * Qui- a.

℣. Gló- ri-a Pátri, et Fí-li- o, et Spi-rí- tu- i

Sán-cto. * Qui- a.

100. — Descendit de caelis.

1. DEscéndit * de caé- lis Dé-us vérus, a Pá-tre géni- tus, intro- í-vit in úte-rum Vírgi-nis, nó-bis ut apparé-ret vi-sí- bi- lis, indútus cárne hu-mána protoparén-te é- di- ta : * Et exí-vit per cláusam pórtam Dé- us et hó-mo, lux et ví- ta, Cón-di-tor múndi. ℣. Tamquam spónsus Dómi-nus pro-cé- dens de thá- lamo sú- o. * Et exí-vit. ℣. Gló-ri- a Pátri, et Fí-li- o, et Spi-rí- tu- i Sán-cto. * Et exí-vit.

℣. Post pártum Virgo inviolata permansísti.
℟. Déi Génitrix intercéde pro nóbis.

Oratio.

DEus, qui salútis aetérnae, beátae Maríae virginitáte foecúnda, humáno géneri praémia praestitísti : † tríbue, quaésumus; ut ipsam pro nobis intercédere sentiámus, * per quam merúimus auctórem vitae suscípere, Dóminum nostrum Jesum Christum Fílium tuum. ℟. Amen.

Post Purificationem : ℣. ut supra.

Oratio.

FAmulórum tuórum, quaésumus Dómine, delíctis ignósce : † ut qui tibi placére de áctibus nostris non valémus; * Genitrícis Fílii tui Dómini nostri intercessióne salvémur : Qui tecum vivit et regnat.

IN EPIPHANIA DOMINI.

101. — Verbum bonum et suave.

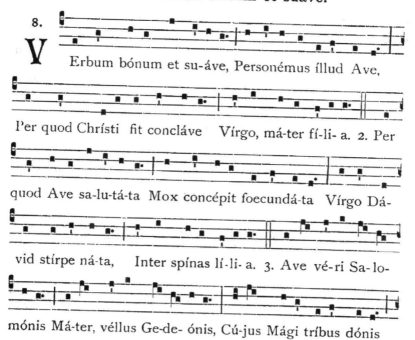

8.

Verbum bónum et su-áve, Personémus íllud Ave,

Per quod Christi fit concláve Virgo, má-ter fí-li- a. 2. Per

quod Ave sa-lu-tá-ta Mox concépit foecundá-ta Virgo Dá-

vid stírpe ná-ta, Inter spínas lí-li- a. 3. Ave vé-ri Sa-lo-

mónis Má-ter, véllus Ge-de- ónis, Cú-jus Mági tríbus dónis

Láudant pu-erpé-ri- um. 4. Ave, só-lem ge-nu- ísti, Múndo

lápso contu-lísti,   Ave, só-lem protu-lísti, Ví-tam et impé-

ri- um. 5. Ave spónsa Vérbi súmmi,   Má-ris pórtus, sígnum

dúmi,   Arómatum vírga fúmi,   Ange-lórum dómi-na.

6. Suppli-cámus, nos emènda,   Emendá-tos nos commènda

Tú- o Ná-to, ad habénda   Sempi-térna gáudi- a.   Amen.

℣. *et Oratio ut supra.* 119*.

---

2 Febr. — **IN PURIFICATIONE B. M. V.**

102. — Stirps Jesse.

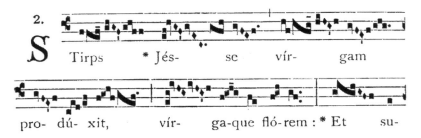

2.

S Tirps   * Jés-   se   vír-   gam

pro- dú- xit,   vír-   ga-que fló-rem : * Et   su-

per hunc fló- rem requi- é- scit Spí-ri-tus ál-

mus. ℣. Vír-go Dé- i Gé-

ni-trix vírga est, flos Fí-li- us é-

jus. * Et. ℣. Gló- ri- a Pátri, et Fí-

li- o, et Spi-rí-tu- i Sán-

cto. * Et.

℣. et Oratio ut supra. 119*.

---

11 Febr. — IN APPARITIONE B. M. V.

103. — Omnis expertem.

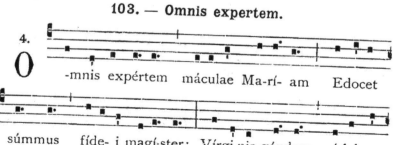

4.

O-mnis expértem máculae Ma-rí- am Edocet

súmmus fíde- i magí-ster; Vírgi-nis gáudens cé-lebrat

fidé- lis   Térra tri- úmphum.   2.   Ipsa se praébens húmi-li

pu-éllae   Vírgo spectándam, récre-at pavéntem, Séque con-

céptam   sine lábe, sáncto   Praédi-cat ó- re.   3.   O spécus

fé- lix,   deco rá-te dí-vae   Mátris aspéctu!   vene-ránda

rú-pes, Unde vi-tá-les scatu-é-re plé-no Gúrgi-te lýmphae!

4. Huc ca-tervá-tim   pí- a túrba nóstris,   Huc ab extérnis

peregrína tér-ris   Afflu-it súpplex,   et ópem poténtis

Vírginis ó-rat.   5.   Excipit Má-ter   lácrimas precántum,

Dónat optá-tam mí-se-ris sa-lú-tem : Cómpos hinc vó- ti

pátri- as ad ó- ras Túrba revér-tit. 6. Súpplicum, Vírgo,

mi-se-rá-ta cá-sus, Semper o nóstros ré-foves labó-res,

Impetrans maéstis bóna sempi-térnae Gáudi- a ví-tae.

7. Sit décus Pá-tri, genitaéque Pró- li, Et tí-bi cómpar

utri- úsque vírtus, Spí-ri-tus semper, Dé-us únus, ómni

Témporis aévo. Amen.

℣. In me ómnis grátia víae et veritátis.
℟. In me ómnis spes vítae et virtútis.

Oratio.

DEus, qui per Immaculátam Vírginis Conceptiónem dignum Fílio tuo habitáculum praeparásti : † súpplices a te quaésumus; ut ejúsdem Vírginis apparitiónem celebrántes, * salútem mentis et córporis consequámur. Per eúmdem Christum Dóminum nostrum.

25 Mart. — IN ANNUNTIATIONE B. M. V.

104. — Mittit ad Virginem.

Ittit ad Vírginem Non quemvis Ange-lum, Sed Forti-túdinem, Sú-um Archánge-lum, Amá-tor hómi-nis.

2. Fórtem expé-di-at Pro nóbis núnti-um, Natúrae fáci-at Ut praejudí-ci-um In pártu vírginis. 3. Natú-ram súpe-ret Nátus Rex gló-ri-ae : Régnet et ímperet, Et zýma scó-ri-ae Tóllat de mé-di-o. 4. Superbi-énti-um Té-rat fastí-gi-a, Cólla sublími-um Cálcans vi própri-a, Pótens in praé-li-o. 5. Fó-ras e-jí-ci-at Mundánum príncipem,

Matrémque fáci- at Sécum partí-ci-pem Pátris impé-ri- i.

6. Exi qui mítte-ris, Haec dóna díssere; Revé-la vé-te-ris

Ve-lámen lítterae, Virtú-te núnti- i. 7. Accéde, núnti- a :

Dic, Ave, cóminus; Dic, pléna grá-ti- a; Dic, técum Dómi-

nus; Et dic, ne tíme-as. 8. Vírgo suscípi- as Dé- i depó-

si-tum, In quo perfí-ci- as Cástum propó-si-tum, Et vó-

tum téne-as. 9. Audit et súscipit Pu-élla núnti- um; Cré-

dit, et cóncipit, Et pá-rit fí- li- um, Sed admi-rábi-lem.

10. Consi-li- á-ri- um Humáni gé-ne-ris, Et Dé- um fór-

ti- um, Et pátrem póste-ris, In páce stábi-lem : 11. Sic

nóbis ó-ri-tur Lúmen de lúmine : Sic hómo násci-tur

Fáctus ex Vírgine,   Indúltor scé- lerum. 12. Qui nóbis

tríbu- at Peccá-ti vé-ni- am, Re- átum dí-lu- at,   Et dónet

pátri- am In árce sí-de-rum. A-men.

℣. Angelus Dómini nuntiávit Maríae.
℟. Et concépit de Spíritu Sáncto.

Oratio.

DEus, qui de beátae Maríae Vírginis útero Verbum tuum, Angelo nuntiánte, carnem suscípere voluísti : † praesta supplícibus tuis; ut qui vere eam Genitrícem Dei crédimus, * ejus apud te intercessiónibus adjuvémur. Per eúmdem Christum Dóminum nostrum.

TEMPORE PASSIONIS.

105. — Stabat Mater.

6.

S Tábat Máter do-lo-rósa   Júxta crúcem lacrimósa,

Dum pendébat Fí-li- us.

2. Cújus ánimam geméntem,
Contristátam et doléntem
Pertransívit gládius.

3. O quam trístis et afflícta
Fúit illa benedícta
Máter unigéniti!

4. Quae maerébat et dolébat,
Pía Máter, dum vidébat
Náti poénas ínclyti.

5. Quis est hómo qui non fléret,
Mátrem Christi si vidéret
In tánto supplício?

6. Quis non pósset contristári,
Christi mátrem contemplári
Doléntem cum Fílio?

7. Pro peccátis súae géntis,
Vídit Jésum in torméntis,
Et flagéllis súbditum.

8. Vídit súum dúlcem nátum
Moriéndo desolátum,
Dum emísit spíritum.

9. Eia Máter, fons amóris,
Me sentíre vim dolóris
Fac, ut técum lúgeam.

10. Fac ut árdeat cor méum
In amándo Christum Déum,
Ut síbi compláceam.

11. Sáncta Máter, ístud ágas,
Crucifíxi fíge plágas
Córdi méo válide.

12. Túi náti vulneráti,
Tam dignáti pro me páti,
Poénas mécum dívide.

13. Fac me técum pie flére,
Crucifíxo condolére,
Donec égo víxero.

14. Juxta crúcem técum stáre,
Et me tíbi sociáre
In plánctu desídero.

15. Vírgo vírginum praeclára,
Míhi jam non sis amára :
Fac me técum plángere.

16. Fac ut pórtem Christi mórtem,
Passiónis fac consórtem,
Et plágas recólere.

17. Fac me plágis vulnerári,
Fac me crúce inebriári,
Et cruóre Fílii.

18. Flámmis ne úrar succénsus,
Per te, Vírgo, sim defénsus
In díe judícii.

19. Christe, cum sit hinc exíre,
Da per Mátrem me veníre
Ad pálmam victóriae.

20. Quando córpus moriétur,
Fac ut ánimae donétur
Paradísi glória. Amen.

¶ *Alter tonus in Missa Septem Dolorum B. M. V. 15 Sept.*

106. — Vadis propitiator.

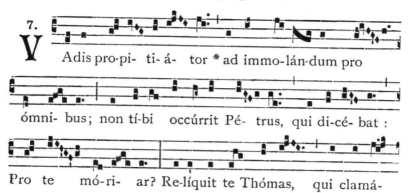

7. Vadis pro-pi- ti- á- tor *ad immo-lán-dum pro
ómni- bus; non tí-bi occúrrit Pé- trus, qui di-cé- bat :
Pro te mó-ri- ar? Re-líquit te Thómas, qui clamá-

bat dí- cens : Omnes   cum é- o mo-ri-á- mur? * Et

núllus de his,   ni-si tu só- lus Dó- mi- nus, † Qui cá-

stam me   conser-vásti,   Fí-li- us et Dé-us mé-   us.

℣. Vení-te   et vidé- te Dé-um et hó- mi- nem pendén-

tem in   lí-gno. * Et núllus. Gló-ri- a   Pá- tri,   et Fí-

li- o,   et Spi-rí-tu- i   Sáncto. † Qui cástam.

107. — Summae Deus.

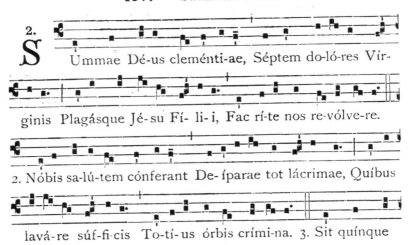

SUmmae Dé-us cleménti-ae, Séptem do-ló-res Vír-

ginis Plagásque Jé- su Fí- li- i, Fac rí-te nos re-vólve-re.

2. Nóbis sa-lú-tem cónferant De- íparae tot lácrimae, Quíbus

lavá-re súf-fi-cis To-tí- us órbis crími-na. 3. Sit quínque

Jé-su vúlnerum Amára contemplá-ti-o, Sint et do-ló-res

Vírginis Ætérna cúnctis gáudi- a. 4. Jé-su tí-bi sit gló-

ri- a, Qui pássus es pro sérvu-lis, Cum Pátre et álmo Spí-

ri-tu, In sempi- térna saécu-la. Amen.

108. — O quot undis lacrimarum.

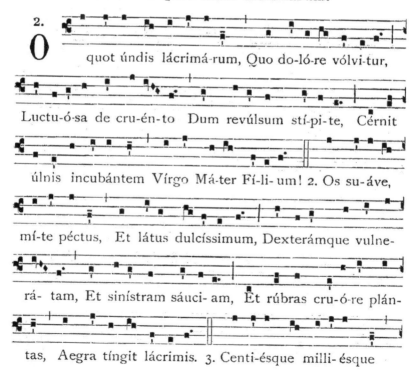

O quot úndis lácrimá-rum, Quo do-ló-re vólvi-tur,

Luctu-ó-sa de cru-én-to Dum revúlsum stí-pi-te, Cérnit

úlnis incubántem Vírgo Má-ter Fí-li-um! 2. Os su-áve,

mí-te péctus, Et látus dulcíssimum, Dexterámque vulne-

rá- tam, Et sinístram sáuci- am, Et rúbras cru-ó-re plán-

tas, Aegra tíngit lácrimis. 3. Centi-ésque milli-ésque

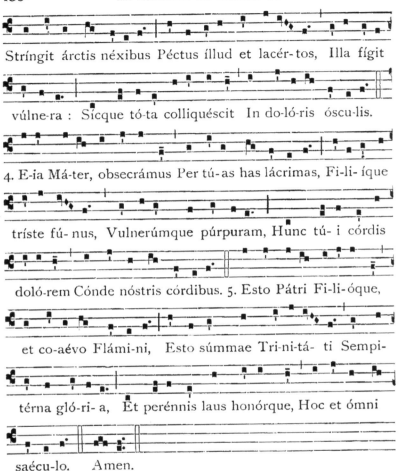

Stríngit árctis néxibus Péctus íllud et lacér-tos, Illa fígit

vúlne-ra : Sícque tó-ta colliquéscit In do-ló-ris óscu-lis.

4. E-ia Má-ter, obsecrámus Per tú-as has lácrimas, Fi-li- íque

tríste fú- nus, Vulnerúmque púrpuram, Hunc tú- i córdis

doló-rem Cónde nóstris córdibus. 5. Esto Pátri Fi-li-óque,

et co-aévo Flámi-ni, Esto súmmae Tri-ni-tá- ti Sempi-

térna gló-ri- a, Et perénnis laus honórque, Hoc et ómni

saécu-lo.   Amen.

109. — Fasciculus myrrhae.

F Ascícu-lus mýrrhae   * Di-léctus mé- us mí- hi.

℣. Inter úbe- ra mé- a commo- rábi-tur.   ℣. Gló-ri- a

Pátri, et Fí-li- o, et Spi-rí-tu- i Sáncto.

110. — Defecerunt.

Efe- cé-runt * Prae lácrimis ó-cu-li mé- i.

℣. Contur- bá-ta sunt ómni- a vísce-ra mé- a. ℣. Gló-

ri- a Pátri, et Fí-li- o, et Spi-rí-tu- i Sáncto.

℣. Ora pro nóbis Vírgo dolorosíssima.
℞. Ut digni efficiámur promissiónibus Christi.

Oratio.

INtervéniat pro nobis quaésumus Dómine Jesu Christe † nunc et in hora mortis nostrae, apud tuam cleméntiam beáta Virgo María Mater tua * cujus sacratíssimam ánimam, in hora tuae passiónis, dolóris gládius pertransívit. Qui vivis et regnas in saécula saeculórum.

TEMPORE PASCHALI.

111. — Concordi laetitia.

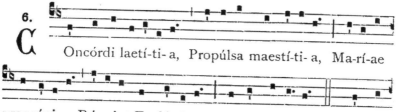

6.

Oncórdi laetí-ti- a, Propúlsa maestí-ti- a, Ma-rí-ae

praecóni- a Réco-lat Ecclé-si- a : Vírgo Ma-rí- a! 2. Quae fe-

lí-ci gáudi- o, Resurgénte Dómino, Flóru-it ut lí-li- um,

Vívum cérnens Fí-li- um : Vírgo Ma-rí- a! 3. Quam concén-

tu pári-li Chó-ri láudant caéli-ci, Et nos cum caelésti-

bus Nóvum mé-los pángimus : Vírgo Ma-rí- a! 4. O Re-

gína vírginum, Vó-tis fáve súppli-cum, Et post mórtis stá-

di- um, Vítae cónfer praémi- um : Vírgo Ma-rí- a! 5. Glo-

ri- ósa Trí-ni-tas, Indiví-sa Uni-tas, Ob Ma-rí-ae mé-ri-

ta, Nos sálva per saécu-la : Vírgo Marí- a. Amen.

112. — Maria Virgo.

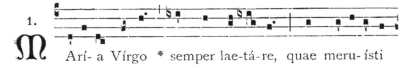

1.

Arí- a Vírgo * semper lae-tá-re, quae meru- ísti

Chrístum portá-re, caé-li et térrae Condi-tó-rem; qui- a de tú-o ú-te-ro protu-lísti múndi * Salva-tó-rem, alle-lú-ia. *Post Septuag.* * Salva-tó-rem.

113. — Regina caeli.

1. Egína caé-li * laetáre, alle-lú-ia : qui- a quem meru-í-sti portá-re, alle-lú-ia : resurréxit sic-ut díxit, alle-lú-ia : ó-ra pro nó-bis Dé-um, alle-lú-ia.

℣. Post pártum Vírgo inviolátá permansísti.
℟. Déi Génitrix intercéde pro nóbis.

Oratio.

GRátiam tuam, quaésumus Dómine, méntibus nostris infúnde : † ut qui, Angelo nuntiánte, Christi Fílii tui Incarnatiónem cognóvimus, * per passiónem ejus et crucem ad resurrectiónis glóriam perducámur. Per eúmdem Christum Dóminum nostrum. ℟. Amen.

15. Aug. — IN ASSUMPTIONE B. M. V.

114. — Paradisi portae.

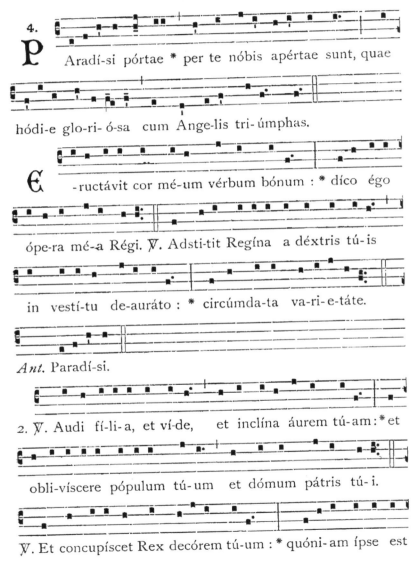

Aradí-si pórtae * per te nóbis apértae sunt, quae

hódi-e glo-ri- ó-sa cum Ange-lis tri-úmphas.

E -ructávit cor mé-um vérbum bónum : * díco égo

ópe-ra mé-a Régi. ℣. Adsti-tit Regína a déxtris tú-is

in vestí-tu de-auráto : * circúmda-ta va-ri-e-táte.

Ant. Paradí-si.

2. ℣. Audi fí-li-a, et ví-de, et inclína áurem tú-am :* et

obli-víscere pópulum tú-um et dómum pátris tú-i.

℣. Et concupíscet Rex decórem tú-um : * quóni-am ípse est

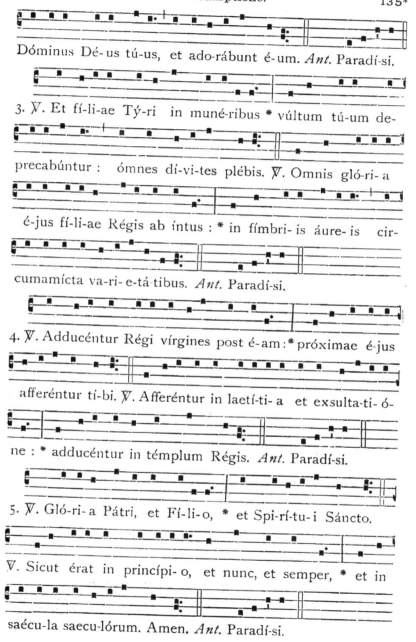

Dóminus Dé-us tú-us, et ado-rábunt é-um. *Ant.* Paradí-si.

3. ℣. Et fí-li-ae Tý-ri in muné-ribus * vúltum tú-um de-precabúntur : ómnes dí-vi-tes plébis. ℣. Omnis gló-ri-a é-jus fí-li-ae Régis ab íntus : * in fímbri-is áure-is circumamícta va-ri-e-tá-tibus. *Ant.* Paradí-si.

4. ℣. Adducéntur Régi vírgines post é-am :* próximae é-jus afferéntur tí-bi. ℣. Afferéntur in laetí-ti-a et exsulta-ti-ó-ne : * adducéntur in témplum Régis. *Ant.* Paradí-si.

5. ℣. Gló-ri-a Pátri, et Fí-li-o, * et Spi-rí-tu-i Sáncto. ℣. Sicut érat in princípi-o, et nunc, et semper, * et in saécu-la saecu-lórum. Amen. *Ant.* Paradí-si.

115. — Ascendit Christus.

6.

Scéndit Chrístus * super caélos, et praepa-rá-vit

sú-ae castíssimae Má-tri immorta-li-tá-tis ló- cum,

et haec est illa praeclára festí-vi-tas, ómni-um

Sanctórum festi-vi-tá-tibus incomparábi-lis, in qua glo-

si- ó-sa et fé- lix, mi-rán-tibus caeléstis cú-ri-ae or-

dí-ni-bus, ad aethé- re- um pervé-nit thá-lamum,

quo pí-a sú-i mémorum ímmemor nequáquam

ex-sí-stat.

116. — Super salutem.

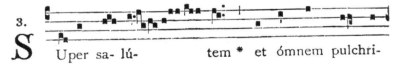

3.

Uper sa- lú- tem * et ómnem pulchri-

tú-dinem   di-lécta es a Dó- mi- no, et re-

gína caeló-rum vocá- ri dígna   es : * Gáudent chó-ri

Ange- ló-   rum, consórtes et concí-ves nó-stri.

℣. Val- de   te nos opórtet vene-rá- ri, quae tam sán-

cta   et intá-   cta   es Vír-   go. * Gáudent.

117. — O quam glorifica.

O quam glo-rí- fica * lúce corúscas, Stírpis Daví-di-

cae ré-gi- a pró-les! Sublímis ré-sidens, Vírgo Ma-rí- a,

Supra cae-lígenas aéthe-ris   ómnes. 2. Tu cum virgí-ne-o

má-ter honó-re, Ange-lórum Dómino pécto-ris áulam Sá-

cris viscé-ribus cásta pará- sti; Nátus hinc Dé-us est cór-

po-re Chrístus. 3. Quem cúnctus vé-nerans órbis adó-rat,

Cui nunc rí-te génu flécti- tur ómne; A quo te, pé-timus,

subveni- én-te, Abjéctis ténebris, gáudi- a lú-cis. 4. Hoc

largí-re Páter lúminis ómnis, Nátum per própri- um,

Flámi-ne sácro, Qui técum ní-tida vívit in aéthra Ré-

gnans, ac móde-rans saécu-la cúncta. Amen.

118. — Virginitas caelum.

Ir- gíni-tas * caé- lum post lápsum

prí-ma re-cé- pit:* Sed prí- us

in Gé- ni-to, post in Genitrí-ce be-á- ta. ℣. Caéli-cus órdo sá- cram re- ve-ré- tur virgi-ni-tá- tem. * Sed. Gló-ri- a Pátri, et Fí-li- o, et Spi- rí-tu- i Sáncto. * Sed.

℣. Ora pro nóbis sáncta Déi Génitrix.
℟. Ut digni efficiámur promissiónibus Christi.

Oratio.

VEneránda nobis, Dómine, hujus díei festívitas, opem cónferat salutárem † in qua sancta Dei Génitrix, mortem súbiit temporálem, nec tamen mortis néxibus déprimi pótuit * quae Fílium tuum Dóminum nostrum de se génuit incarnátum. Qui tecum vivit et regnat in saécula saeculórum.

---

8 Sept. — **IN NATIVITATE B. M. V.**

119. — Solem justitiae.

1.

SO- lem * justí- ti-ae, Régem Pa-ri-tú-

ra supré- mum, * Stél-la   Ma-rí- a má- ris,

hódi- e procés-

sit   ad ór- tum. ℣. Cérne- re   di-ví-num lú-men gau-

dé-   te, fi-dé- les. * Stél-la.   Gló-ri- a   Pátri,

et Fí- li- o, et Spi-rí-   tu- i Sáncto. * Stél-la.

120. — Ad nutum Domini.

3.

AD   nú- tum Dó- mini * nó-strum di-tán-

tis honó- rem, * Sic-ut spína   ró- sam, gé- nu- it

Ju- daé- a Ma-   rí- am. ℣. Ut

ví-ti- um vír- tus ope-rí- ret, grá-ti- a cúl- pam.

* Sic-ut. Gló- ri- a Pá- tri, et Fí- li- o, et Spi-

rí- tu- i Sán- cto. * Sic-ut.

121. — Virgo Maria.

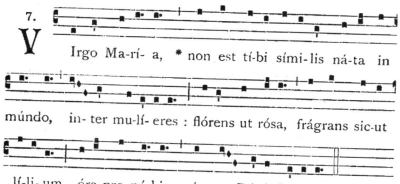

7.

V Irgo Ma-rí- a, * non est tí-bi sími-lis ná-ta in

múndo, in- ter mu-lí- eres : flórens ut rósa, frágrans sic-ut

lí-li- um, óra pro nó-bis, sáncta Dé- i Génitrix.

℣. Post pártum Vírgo inviolata permansisti.
℞. Déi Génitrix, intercéde pro nóbis.

Oratio.

Supplicátionem servórum tuórum Deus miserátor exáudi † ut qui in Nativitáte sanctae Dei Genitrícis et Vírginis congregá- mur * ejus intercessiónibus a te de instántibus perículis eruámur. Per eúmdem Christum Dóminum nostrum.

7 Oct. — IN SOLEMNITATE SS. ROSARII.

122. — Dei Matris cantibus.

1. DE-i Mátris cántibus Sol-émni-a Réco-lat sol-émni-bus Ecclé-si-a : Vóta tú- is áuribus Concí- li- a, Te de-vó-tis vó-cibus Laudánti- a, Dígna dígnis láudibus.

℞. O glo-ri-ó-sa Dómina, Quórum láudant cármina, Pre-cámur, dé-le crímina.

2. Tú-a nos restí-tu- it Concépti- o, Quos serpéntis óbru- it Decépti- o : De mórtis e-rípu- it Confí-ni- o, Et fínem im-pósu- it Exsí-li- o Quod Héva proméru- it. ℞. O gloriósa.

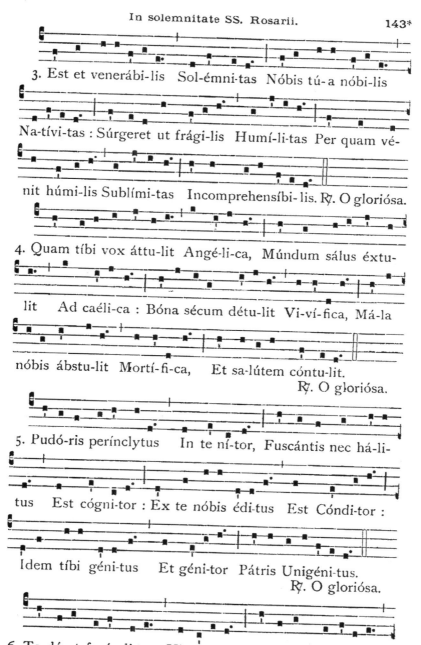

3. Est et venerábi-lis Sol-émni-tas Nóbis tú-a nóbi-lis Na-tívi-tas : Súrgeret ut frági-lis Humí-li-tas Per quam vé-nit húmi-lis Sublími-tas Incomprehensíbi-lis. ℟. O gloriósa.

4. Quam tíbi vox áttu-lit Angé-li-ca, Múndum sálus éxtu-lit Ad caéli-ca : Bóna sécum détu-lit Vi-ví-fica, Má-la nóbis ábstu-lit Mortí-fi-ca, Et sa-lútem cóntu-lit. ℟. O gloriósa.

5. Pudó-ris perínclytus In te ní-tor, Fuscántis nec há-li-tus Est cógni-tor : Ex te nóbis édi-tus Est Cóndi-tor : Idem tíbi géni-tus Et géni-tor Pátris Unigéni-tus. ℟. O gloriósa.

6. Te décet fecúndi-tas Virginá-lis, Lúminum festívi-tas

Spi-ri-tá-lis : Céra est virgíni-tas Parentá-lis, Línum est

humí-li-tas Fi-li-á-lis : Ignis est Diví-ni-tas. ℟. O glo-ri-ó-

sa Dómina, Quórum láudant cármina, Precámur, dé-le

crímina.

7. Ades ergo mí-se-ris Supplí-cibus Et nóstri memíne-

ris, Ut pré-cibus Nos conjúngas súpe-ris Spi-rí-tibus Quo

praeláta cé-te-ris Caeléstibus, Frúctu tú-o frú-e-ris.

℟. O gloriósa.

123. — Omni die.

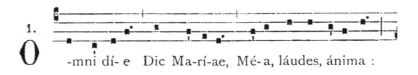

O -mni dí-e Dic Ma-rí-ae, Mé-a, láudes, ánima :

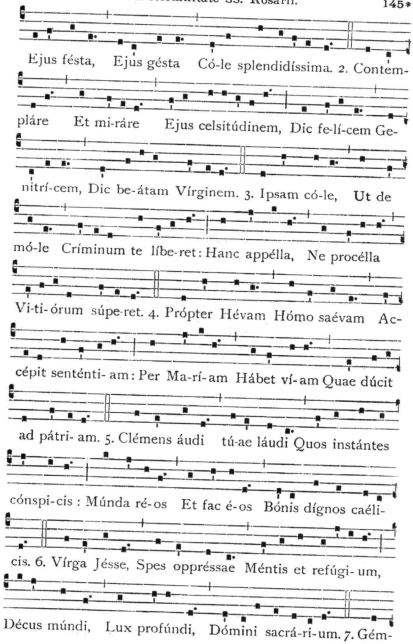

Ejus fésta, Ejus gésta Có-le splendidíssima. 2. Contem-

pláre Et mi-ráre Ejus celsitúdinem, Dic fe-lí-cem Ge-

nitrí-cem, Dic be-átam Vírginem. 3. Ipsam có-le, Ut de

mó-le Críminum te líbe-ret: Hanc appélla, Ne procélla

Vi-ti-órum súpe-ret. 4. Própter Hévam Hómo saévam Ac-

cépit senténti- am: Per Ma-rí-am Hábet ví-am Quae dúcit

ad pátri- am. 5. Clémens áudi tú-ae láudi Quos instántes

cónspi-cis : Múnda ré-os Et fac é-os Bónis dígnos caéli-

cis. 6. Vírga Jésse, Spes oppréssae Méntis et refúgi- um,

Décus múndi, Lux profúndi, Dómini sacrá-ri-um. 7. Gém-

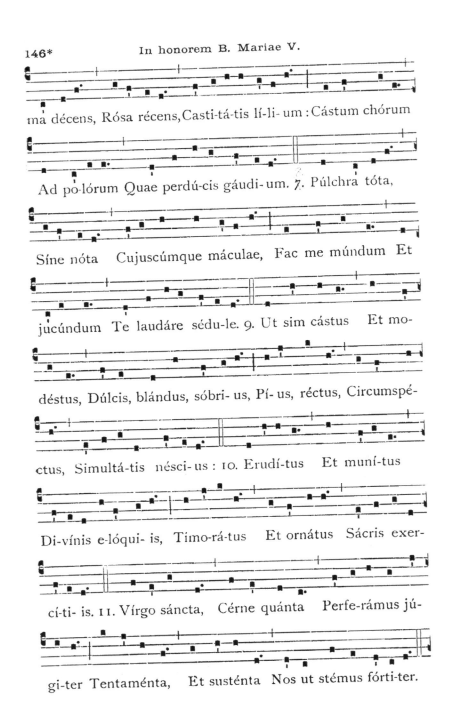

ma décens, Rósa récens, Casti-tá-tis lí-li- um : Cástum chórum

Ad po-lórum Quae perdú-cis gáudi-um. 7. Púlchra tóta,

Síne nóta   Cujuscúmque máculae, Fac me múndum Et

jucúndum Te laudáre sédu-le. 9. Ut sim cástus   Et mo-

déstus, Dúlcis, blándus, sóbri- us, Pí- us, réctus, Circumspé-

ctus, Simultá-tis nésci- us : 10. Erudí-tus   Et muní-tus

Di-vínis e-lóqui- is, Timo-rá-tus   Et ornátus Sácris exer-

cí-ti- is. 11. Vírgo sáncta, Cérne quánta   Perfe-rámus jú-

gi-ter Tentaménta,   Et susténta Nos ut stémus fórti-ter.

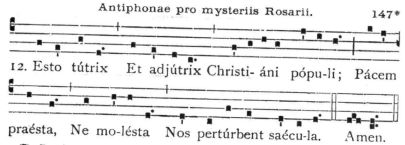

12. Esto tútrix Et adjútrix Christi- áni pópu-li; Pácem praésta, Ne mo-lésta Nos pertúrbent saécu-la. Amen.

℣. Regína sacratíssimi Rosárii, óra pro nóbis.
℞. Ut dígni efficiámur promissiónibus Chrísti.

Oratio.

DEus, cujus Unigénitus per vitam, mortem et resurrectiónem suam nobis salútis aetérnae praémia comparávit : † concéde quaésumus; ut haec mystéria sacratíssimo beátae Maríae Vírginis Rosário recoléntes, * et imitémur quod cóntinent, et quod promíttunt assequámur. Per eúmdem Christum Dóminum nostrum.

ANTIPHONAE PRO MYSTERIIS ROSARII.

I. Pro prima quinquagena seu parte gaudiosa

Ant. Gáude Déi Génitrix. 111*.

1. Domini Jesu Christi incarnatio, Angelo B. Mariae Virgini nuntiante.

1. ANge-lus Dómi-ni * nunti- ávit Ma-rí- ae, et concé-pit de Spí-ri-tu Sáncto, alle- lú- ia.

2. Domini Jesu Christi gestatio ad beatam Elisabeth.

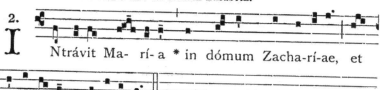

2. INtrávit Ma- rí- a * in dómum Zacha-rí-ae, et sa-lu-tá-vit E-lí-sabeth.

3. Domini Jesu Christi nativitas.

2.

Genu-it pu-érpera Régem, * cú-i nómen aetér-num,

et gáudi-a mátris hábens   cum virgi-ni-tá-tis honó-re :

nec prímam sími-lem ví-sa est,   nec habé-re sequéntem,

alle-lú-ia.

4. Domini Jesu Christi praesentatio in templo.

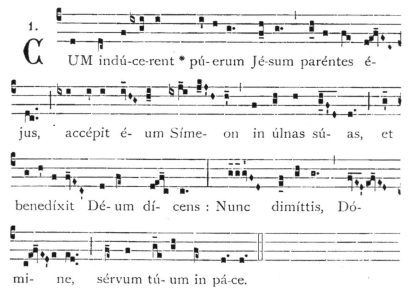

1.

CUM indú-ce-rent * pú-erum Jé-sum paréntes é-

jus,   accépit é-um Síme-on in úlnas sú-as, et

benedíxit Dé-um dí-cens : Nunc dimíttis, Dó-

mi-ne,   sérvum tú-um in pá-ce.

5. Domini Jesu Christi duodennis inventio in medio doctorum.

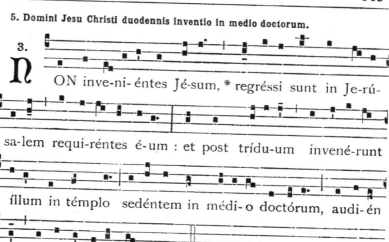

NON inve-ni-éntes Jé-sum, * regréssi sunt in Je-rú-sa-lem requi-réntes é-um : et post trídu-um invené-runt íllum in témplo sedéntem in médi-o doctórum, audi-én-tem et interrogántem é-os.

II. Pro secunda quinquagena seu parte dolorosa.

O vos ómnes, * qui transí-tis per ví-am, atténdi-te, et vidé-te * Si est dó-lor sí-mi-lis sic-ut dó-lor mé-us. ℣. Atténdi-te, uni-vérsi pópu-li, et vidé-te do-ló-rem mé-um.

* Si est.

1. Domini Jesu Christi sudor sanguineus in horto.

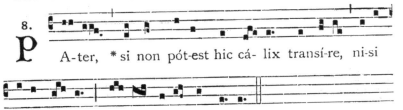

PA-ter, * si non pót-est hic cá- lix transí-re, ni-si
bíbam íl- lum : fí- at vo-lúntas tú- a.

2. Domini Jesu Christi flagellatio.

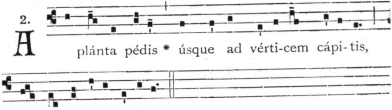

A plánta pédis * úsque ad vérti-cem cápi- tis,
non est in é-o sáni-tas.

8. Domini Jesu Christi spinea coronatio.

F Aci- em mé-am * non a-vér-ti ab increpántibus
et conspu-éntibus in me.

4. Domini Jesu Christi dolores deferentis crucem ad Calvariae montem.

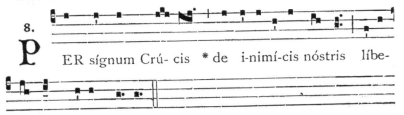

P ER sígnum Crú- cis * de i-nimí-cis nóstris líbera nos Dé-us nóster.

5. Domini Jesu Christi in cruce suspensio et mors.

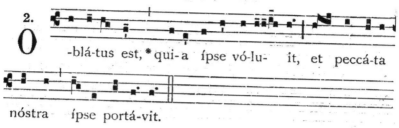

O-blá-tus est, * qui-a ípse vó-lu- it, et peccá-ta

nóstra ípse portá-vit.

III. Pro tertia quinquagena seu parte gloriosa.

GLo- ri- ó- sa * dí- cta sunt de te, Ma-rí- a :

qui- a fé-cit tí- bi má-gna qui pót- ens est.

1. Domini Jesu Christi a mortuis resurrectio.

LAetá-re * Vírgo Máter, alle-lú- ia : surréxit Chrí-

stus de sepúlcro, alle- lú- ia.

2. Domini Jesu Christi in caelum ascensio.

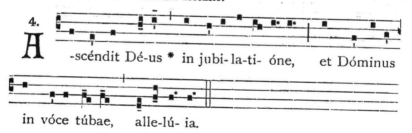

A-scéndit Dé-us * in jubi-la-ti- óne, et Dóminus

in vóce túbae, alle-lú- ia.

3. Dominus Jesus Christus a Patre omnipotente mittens Spiritum Sanctum in Apostolos.

8.

S Pí-ri- tus Dómi-ni * replé-vit órbem terrárum,

al- le-lú-ia.

4. Domini Jesu Christi Matris, B. Mariae Virginis assumptio in caelum.

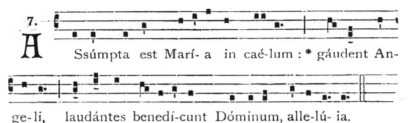

7.

A Ssúmpta est Marí- a in caé-lum :* gáudent An-

ge- li, laudántes benedí-cunt Dóminum, alle-lú- ia.

5. Domini Jesu Christi Matris, B. Mariae Virginis in caelis coronatio.

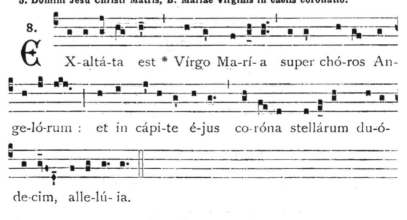

8.

E X-altá-ta est * Vírgo Ma-rí- a super chó-ros An-

ge-ló-rum : et in cápi-te é-jus co-róna stellárum du-ó-

de-cim, alle-lú- ia.

124. — HYMNI PRO MYSTERIIS ROSARII.

I. Mysteria gaudiosa.

2.

Caeléstis áulae Núnti- us,   Arcána pándens Núminis,   Plénam sa-lú-tat grá-ti- a   Dé- i Pa-réntem Vírginem. 2. Vírgo pro- pínquam sánguine   Mátrem Jo- ánnis
ví- si-tat, Qui cláusus álvo gésti- ens   , Adésse Chrí-stum
núnti- at. 3. Vérbum, quod ante saécu-la.   E ménte Pátris pró-di- it,   E Mátris álvo Vírginis   Mortá-lis ínfans
násci-tur. 4. Témplo pu- éllus sísti-tur, Legíque pá-ret Lé-
gi-fer : Hic se Redémptor páupe-re   Pré-ti- o redémptus

ímmo-lat. 5. Quem jam do-lébat pérdi-tum, Mox laéta

Má-ter ínvenit   Ignó-ta dóctis méntibus   Edisse-rén-

tem Fí- li- um. 6. Jé-su tí-bi sit gló-ri- a, Qui ná-tus es

de Vírgine, Cum Pátre et álmo Spí- ri-tu,   In sempi-

térna saécu-la. Amen.

II. Mysteria dolorosa.

2.

I N mónte o-lí-vis cónsi-to Redémptor ó-rans pró-

cidit, Maéret, pavéscit, dé- fi-cit,   Sudóre iná-nans sán-

guinis. 2. A pro-di-tóre trá-di-tus Raptátur in poénas Dé-us,

Du-rísque vínctus né-xibus, Flágris cru-éntis caédi-tur.

3. Intéxta a-cú-tis séntibus, Coróna contumé- li- ae, Squal-

lénti amíctum púrpu-ra,   Ré-gem coró-nat gló-ri-ae.

4. Mó-lis crú-cem ter árdu-ae, Súdans, anhé- lans, cóncidens,

Ad móntis úsque vérti-cem Gestáre vi compél-li-tur.

5. Confí- xus atro stí- pi-te   Inter sce-léstos ínnocens,

Orándo pro tor-tó- ribus,   Exsánguis éfflat spí- ri-tum.

6. Jé-su, tí- bi sit gló- ri- a, Qui nátus es de Vírgine, Cum

Pátre, et álmo Spí- ri-tu,   In sempi-térna saécu-la.

Amen.

III. Mysteria gloriosa.

2. AM mórte víctor óbru-ta Ab ínfe-ris Chrístus

rédit, Fractísque cúlpae víncu-lis, Caé-li reclú-dit lí-

mina. 2. Ví-sus sá-tis mortá-libus Ascéndit ad caelésti-a,

Dextraéque Pátris ássidet Consors patérnae gló-ri-ae.

3. Quem jam sú- is promí-serat, Sánctum datú-rus Spí-ri-tum,

Línguis amó-ris ígne- is Moéstis a-lúmnis ímplu-it.

4. So-lú- ta cárnis pónde-re Ad ástra Vírgo tól-li-tur,

Excépta caéli jú-bi-lo Et Ange-ló-rum cánti-cis.

5. Bis sé-na cíngunt sí-de-ra Almae Pa-réntis vérti-cem :

Thróno propínqua Fí- li- i   Cúnctis cre- á- tis ímpe-rat.

6. Jé-su tí- bi sit gló- ri- a, Qui nátus es de Vírgine, Cum

Pátre et álmo Spí- ri-tu,   In sempi-térna saécu-la.

Amen.

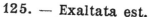

IN FESTO D. N. J. C. REGIS.

125. — Exaltata est.

1. X-altá-ta est *glo-ri-ósa semper Ma-rí-a Vír-

go super chóros Ange-ló- rum : vení- te ó-mnes, ma-

gni-fi-cémus Chrístum ré- gem, cú- jus régnum, ré- gnum

est ómni- um saecu-ló-rum.

℣. Ora pro nóbis. *et Oratio.* Concéde nos. *p.* 184*.

PRO FIDELIBUS DEFUNCTIS.

126. — Languentibus in Purgatorio

LAnguéntibus in Purgató-ri- o, Qui purgántur ar-

dóre ními- o,   Et torquéntur grávi supplí-ci- o,   Subvé-

ni- at tú- a compássi- o :   O Ma-rí- a!

2. Fons es pátens qui cúlpas ábluis,
   Omnes júvas et núllum réspuis :
   Mánum túam exténde mórtuis,
   Qui sub poénis lánguent contínuis :   O María!

3. Ad te píe suspírant mórtui,
   Cupiéntes de poénis érui,
   Et adésse túo conspéctui,
   Aeternísque gáudiis pérfrui :   O María!

4. Geméntibus Máter accélera,
   Pietátis osténde víscera :
   Illos Jésu per súa vúlnera
   Ut sanáre dignétur ímpetra :   O María!

5. Tu véra spes ad te clamántium :
   Ad te clámat túrba sodálium,
   Pro frátribus ut pláces Fílium,
   Et caeléste det éis praémium :   O María!

6. Fac lácrimae quae bóna réspicis,
   Quas fúndimus ad pédes Júdicis,
   Mox exstínguant vim flámmae víndicis,
   Ut jungántur chóris angélicis :   O María!

7. Et cum fíet strícta discússio,
   In treméndo Déi judício,
   Judicánti súpplica Fílio,
   Ut cum Sánctis sit nóbis pórtio :   O María! Amen.

℣. *et Oratio per annum,* 184*.

PER ANNUM.

127. — Ave maris stella.

-ve má-ris stélla, Dé- i Má-ter álma,   Atque sem-

per Vírgo,   Fé-lix caéli pórta.

2. Súmens íllud Ave
   Gabriélis óre,
   Fúnda nos in páce,
   Mútans Hévae nómen.

3. Sólve víncla réis,
   Prófer lúmen caécis :
   Mála nóstra pélle,
   Bóna cúncta pósce.

4. Mónstra te ésse mátrem :
   Súmat per te préces,
   Qui pro nóbis nátus,
   Túlit ésse túus.

5. Vírgo singuláris,
   Inter ómnes mítis,
   Nos cúlpis solútos,
   Mítes fac et cástos.

6. Vítam praésta púram,
   Iter pára tútum :
   Ut vidéntes Jésum,
   Semper collaetémur.

7. Sit laus Déo Pátri,
   Súmmo Chrísto décus,
   Spirítui Sáncto,
   Tríbus hónor únus. Amen.

128. — Ave Maria... virgo serena.

-ve, Ma-rí- a, grá-tí- a pléna : Dóminus técum,

virgo seréna. Benedícta tu   in mu-li- é-ribus : Quae

pepe-rísti pácem homí-nibus, Et ánge-lis gló-ri- am. Et

benedíctus frúctus véntris tú- i : Qui cohaerédes ut essé-

mus sú- i Nos fé-cit per grá-ti- am. Per hoc autem Ave,

Múndo tam su- áve, Contra cárnis júra, Genu- ísti

pró-lem : Nóvum stélla só-lem Nóva geni- túra. Tu

párvi et má-gni, Le- ónis et Agni, Salvató-ris Chrísti,

Témplum exsti-tí-sti, Sed vírgo intácta. Tu fló-ris et

ró- ris, Pá- nis et Pastó- ris, Vírginum regína, Rósa

sine spí-na, Gé-nitrix es fácta. Tu cívi-tas Régis justí-

ti-ae, Tu máter es mi-se-ri-córdi-ae : De lácu faécis et

mi- sé-ri-ae Paeni-téntem re-fórmans grá-ti-ae. Te colláu-

dat caeléstis cú-ri-a, Tíbi nóstra fávent obséqui-a; Per

te ré-is donátur véni-a, Per te jústis confértur grá-

ti-a. Ergo, má-ris stélla, Vérbi Dé-i célla, Et só-lis

auróra Paradí-si pórta, Per quam lux est órta, Nátum

tú-um óra : Ut nos sólvat a peccátis, Et in régno cla-

ri-tá-tis, Quo lux lú-cet sédu-la, Cól-locet per saé-cu-la.

A- men.

129. — Ave Maria. *(Per annum.)*

6.

-ve Ma-rí-a, grá-ti-a plé-na : *Dómi-nus té-

cum. ℣. Benedícta tu in mu-li-é-ribus, et benedíctus frú-

ctus véntris tú- i. ℣. Gló-ri-a Pátri, et Fí- li- o, et

Spi- rí-tu- i Sáncto.

130. — Ave, Maria. *(Tempore Paschali.)*

6.

A -ve Ma-rí- a, grá-ti- a pléna, Dómi-nus té- cum :

* Alle- lú-ia, al-le- lú- ia. ℣. Benedícta tu in mu-li- é-

ribus, et benedíctus frúctus véntris tú- i. ℣. Gló-ri- a

Pátri, et Fí- li- o, et Spi- rí-tu- i Sáncto.

131. — Ave mundi spes Maria.

7.

A -ve múndi spes Ma-rí- a, Ave mí-tis, áve pí- a,

Ave pléna grá-ti- a. 2. Ave Vírgo singu-lá-ris, Quae per

rúbum de-signá-ris Non pássum incéndi- a. 3. Ave ró-sa

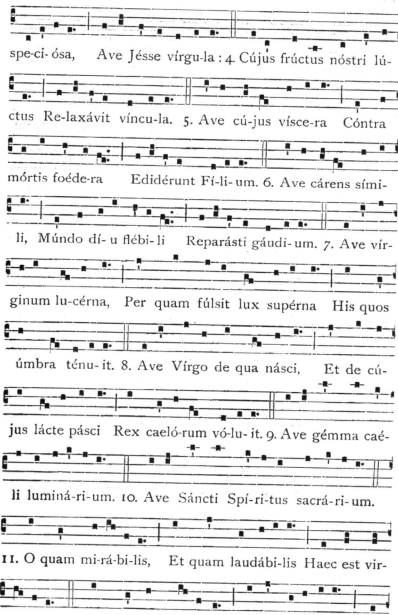

spe-ci- ósa, Ave Jésse vírgu-la : 4. Cújus frúctus nóstri lú-

ctus Re-laxávit víncu-la. 5. Ave cú-jus vísce-ra Cóntra

mórtis foéde-ra Edidérunt Fí-li- um. 6. Ave cárens sími-

li, Múndo dí- u flébi- li Reparásti gáudi- um. 7. Ave vír-

ginum lu-cérna, Per quam fúlsit lux supérna His quos

úmbra ténu- it. 8. Ave Vírgo de qua násci, Et de cú-

jus lácte pásci Rex caeló-rum vó-lu- it. 9. Ave gémma caé-

li luminá-ri- um. 10. Ave Sáncti Spí-ri-tus sacrá-ri- um.

11. O quam mi-rá-bi-lis, Et quam laudábi-lis Haec est vir-

gí-ni-tas! 12. In qua per Spí-ri-tum Fácta Parácli-tum Fúl-

sit foecúndi-tas. 13. O quam sáncta, quam seréna, Quam be-

nígna, quam amoéna   Esse Vírgo crédi-tur! 14. Per quam

sérvi-tus finí-tur, Pórta caéli   ape-rí-tur,   Et libértas réddi-

tur. 15. O   casti-tá-tis lí-li-um, Tú-um precáre Fí-li-um,

Qui sá-lus est humí-li-um. 16. Ne   nos pro nóstro ví-

ti-o,   In flébi-li judí-ci-o   Subjí-ci-at supplí-ci-o.

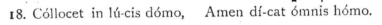

17. Sed nos tú-a sáncta préce   Múndans a peccá-ti faéce.

18. Cóllocet in lú-cis dómo,   Amen dí-cat ómnis hómo.

132. — Quem terra.

4.

Q Uem térra, póntus, síde-ra Cólunt, adórant, praédi-

cant, Trínam regéntem máchinam, Cláustrum Ma-rí-ae bá-ju-

lat. 2. Cui lúna, sol et ómni- a Desérvi-unt per témpo- ra,

Perfú- sa caé- li grá-ti- a, Gé-stant pu-éllae víscera. 3. Be- á-

ta Máter múne-re, Cújus, supérnus Arti- fex Múndum pu-

gíl-lo cóntinens, Véntris sub árca cláusus est. 4. Be-á-ta caé-

li núnti- o, Fecúnda Sáncto Spí-ri- tu, De-si-de-rá-tus

géntibus Cú- jus per álvum fú-sus est. 5. Jé-su, tí-bi

sit gló-ri- a, Qui nátus es de Vírgi- ne, Cum Pátre et ál-

mo Spí-ri-tu, In sempi-térna saécu-la.   Amen.

133. — Beata Dei Genitrix.

8.

B E-á-ta Dé-i Génítrix Ma-rí-a, * Vírgo perpétu-a,

témplum Dómi-ni, sacrá-ri-um Spí-ri-tus Sáncti : só-

la sine exémplo placu-í-sti Dómi-no Jé- su Chrí-

sto : ó- ra pro pópu-lo, intérve-ni pro clé-ro, inter-

cé-de pro devó-to femí-ne- o sé-xu.

134. — Candida virginitas.

1.

C An- dida * Vir- gí-ni-tas, pa- ra- dí- si

cá- ra co- ló- nis, hór- tus con-clú-sus, flo- rén-ti

cé-spi-te vér- nans : * Cú- i mé- ri-to mún-

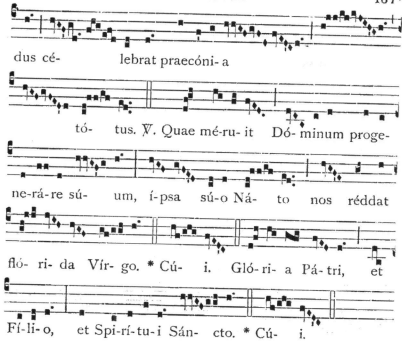

dus cé- lebrat praecóni- a tó- tus. ℣. Quae mé-ru- it Dó- minum proge- ne-rá-re sú- um, í-psa sú-o Ná- to nos réddat fló- ri- da Vír- go. * Cú- i. Gló- ri- a Pá- tri, et Fí-li- o, et Spi-rí-tu-i Sán- cto. * Cú- i.

135. — Gaude Maria Virgo *et* Inviolata.

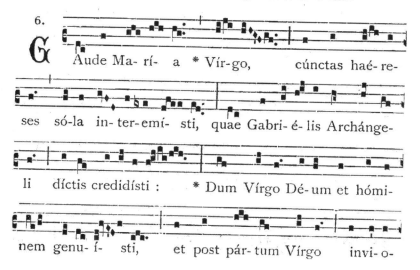

Aude Ma- rí- a * Vír-go, cúnctas haé-re- ses só-la in-ter-emí- sti, quae Gabri- é-lis Archánge- li díctis credidísti : * Dum Vírgo Dé-um et hómi- nem genu-í- sti, et post pár-tum Vírgo invi-o-

lá- ta perman-sí- sti. ℣. Be- á-ta es, quae credi-dí-

sti,   qui- a perfé-cta sunt é- a quae dícta sunt tí-bi

a Dómino.   * Dum. Gló-ri- a Pátri, et Fí- li- o,

(¹)

et Spi-rí- tu- i Sáncto.   * Dum Vírgo Dé- um et

hómi-nem genu- í- sti,   et post pár- tum Vírgo

Invi-o-láta, íntegra et cásta es Ma-rí- a : Quae es effé-

cta fúlgida caéli pórta. O Máter álma Chrísti ca-ríssima :

Súscipe pí- a láudum praecóni- a. Te nunc flági-tant devó-

ta córda et ó-ra : Nóstra ut pú-ra pécto-ra sint et córpo-

(¹) *Post* ℣. Glória Pátri, *ad libitum* Dum Vírgo, *ut supra* 167* *usque ad* perman-sísti, *vel ut sequitur cum Prosa* Invioláta.

ra. Tú-a per precá-ta dulcí-sona : Nóbis concédas véni- am

per saécu-la.   O benígna!   O Regí-na!   O Ma-rí- a!

Quae só-la   invi-o-lá- ta perman-sí- sti.

136. — Magnificat *cum* Alleluia.

Cantores *Chorus*

4.

Lle-lú- ia, * alle-lú-ia,   alle- lú- ia.   Alle-lú- ia,

alle-lú- ia,   alle- lú- ia.

Cantores *Chorus*

1. Magní-fi-cat * ánima mé-a Dóminum. Alle-lú- ia,

alle- lú- ia.

2. Et exsultávit spí-ri-tus mé- us * in Dé- o sa-lu-tá-ri

mé- o.   Alle-lú-ia, alle-lú-ia,   alle- lú-ia.

3. Qui- a respéxit humi-li-tá-tem ancíllae sú-ae : * ecce

enim ex hoc be- á-tam me dí-cent ómnes genera-ti- ónes.

Alle-lú-ia, alle- lú-ia.

4. Qui- a fécit míhi mágna qui pótens est : * et sánctum

nómen é-jus. Alle-lú-ia, alle-lú-ia, alle-lú-ia.

5. Et mi-se-ri-córdi- a é-jus a progéni- e in progéni- es *

timéntibus é- um. Alle-lú-ia, alle-lú- ia.

6. Fé-cit poténti- am in bráchi- o sú-o : * dispérsit supér-

bos ménte córdis sú- i. Alle-lú-ia, alle-lú-ia, alle-lú-ia.

7. Depósu- it po-téntes de séde, * et exaltávit húmi-les.

Alle-lú-ia, alle-lú-ia.

8. Esu-ri- éntes implévit bónis : * et dí-vi-tes dimí-sit inánes. Alle-lú-ia, alle-lú-ia, alle-lú-ia.

9. Suscépit Isra-el pú-erum sú-um : * recordátus mi-se-ri-córdi-ae sú-ae. Alle-lú-ia, alle-lú-ia.

10. Sic-ut lócutus est ad pátres nóstros, * Abraham et sémi-ni é-jus in saécu-la. Alle-lú-ia, alle-lú- ia, al-le-lú-ia.

11. Gló-ri- a Pátri, et Fí-li- o, * et Spi-rí-tu-i Sáncto. Alle-lú-ia, alle-lú-ia.

12. Sic-ut é-rat in princípi- o, et nunc, et semper, * et

in saécu-la saecu-lórum. Amen. Alle-lú-ia, alle-lú-ia,

alle-lú-ia. ℟. Alle-lú-ia, * alle-lú-ia, alle-lú-ia.

137. — Mater Christi.

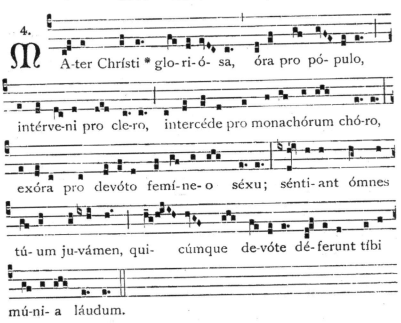

4. MA-ter Chrísti * glo-ri-ó- sa, óra pro pó- pulo,

intérve-ni pro cle-ro, intercéde pro monachórum chó-ro,

exóra pro devóto femí-ne- o séxu; sénti- ant ómnes

tú- um ju-vámen, qui- cúmque de-vóte dé-ferunt tíbi

mú-ni- a láudum.

138. — Maria Mater gratiae.

2. MA-rí- a Má-ter grá- ti- ae, Dúlcis Pá-rens clemén-

ti-ae, Tu nos ab hóste pró-tege, Et mórtis hó-ra sús-

cípe. 2. Jésu tí-bi sit gló-ri- a, Qui nátus es de Vírgi-

ne, Cum Pátre et álmo Spí- ri-tu, In sempi-térna

saécu-la. Amen.

139. — Memorare.

Emo-ráre, o pi- íssima Vírgo Ma-rí- a, non

ésse audí-tum a saécu-lo quémquam ad tú- a curréntem

praesídi- a, tú- a implorántem auxí- li- a, tú- a pe-téntem

suffrá-gi- a, ésse de-re- líctum. E- go, tá-li animá-tus

confi-dén-ti- a, ad te, Vírgo vírginum, má- ter, cúr-ro;

ad te vé-ni- o, có-ram te gémens peccá-tor assí- sto.

Nó- li,   Máter Vérbi, vérba mé- a despí-ce-re;   sed áu-di

propí-ti- a,   et   exáudi.

140. — O gloriosa Dei Genitrix.

4.

O   glo-ri- ósa * Dé- i Génitrix, Vírgo semper Ma-

rí- a, quae Dóminum ómni- um me-ru- ísti portáre,

et Régem Ange-ló- rum só-la vírgo lactá- re :   nóstri

quaésumus, pí- a memo-rá-re : et pro nóbis Jésum Chrístum

deprecá-re;   ut tú- is fúlti patrocí-ni- is,   ad caelésti- a

régna   mere- ámur pervení- re.

141. — O gloriosa Virginum.

O glo-ri- ósa Vírginum, Sublímis ínter sí-de-ra : Qui te cre- ávit, párvu-lum Lacténte nútris ú-bere.

2. Quod Hé-va trístis ábstu-lit, Tu réddis álmo gérmine : Intrent ut ástra flé-bi-les, Caé-li reclú-dis cárdines.

3. Tu Ré-gis álti jánu- a, Et áula lú-cis fúlgida : Ví-tam dátam per Vírginem, Géntes redémptae, pláu-di-te.

4. Jé-su, tí- bi sit gló- ri- a, Qui ná-tus es de Vír-gine, Cum Patre et álmo Spí- ri-tu, In sempi-térna saécu-la. A-men.

142. — O Virgo Maria.

4.

O Vírgo Ma-rí- a,* quae ge-nu- í-sti lúcem saé-cu-lo, et cláuso ú-te-ro protu-lísti to- tí- us múndi Salva-tó- rem : ó-ra pro nóbis, ut tú- is pré-cibus ad-jú-ti, laudémus Dóminum Jé-sum Chrístum.

143. — Salve Mater.

5.

S Alve máter mi-se-ri-córdi-ae, Máter Dé- i, et má-ter véni-ae, Máter spé- i, et máter grá-ti-ae, Máter pléna sánctae laetí-ti-ae. O Ma-rí- a! Sálve máter.

1. Sálve dé-cus humáni géne-ris, Sálve Vírgo dígni-or

cé-te-ris, Quae vírgines ómnes transgréde-ris, Et álti- us

sédes in súpe-ris, O Ma-rí- a! Sálve máter.

2. Sálve fé- lix Vírgo pu- érpe-ra : Nam qui sédet in

Pátris déxte-ra, Caélum régens, térram et aéthe-ra, Intra

tú-a se cláusit vísce-ra, O Ma-rí- a! Sálve máter.

3. Te cre- á-vit Páter ingéni-tus, Adamávit te Uni-

géni-tus, Fecundávit te Sánctus Spí-ri-tus, Tu es fácta

tóta di-ví-ni-tus, O Ma-rí- a! Sálve má-ter.

4. Te cre- á-vit Dé-us mi-rábi-lem, Te respéxit ancíl-

lam húmi-lem, Te quaesí-vit spónsam amábi-lem, Tíbi

núnquam fé-cit consími-lem, O Ma-rí- a! Sálve máter.

5. Te be- á- tam laudáre cúpi- unt Omnes jústi, sed non

suffí-ci- unt; Múltas láudes de te concípi- unt, Sed in íllis

prórsus de-fí-ci- unt, O Ma-rí- a! Sálve máter.

6. Esto, Má-ter, nóstrum so-lá-ti- um; Nóstrum ésto, tu

Vírgo, gáudi- um; Et nos tándem post hoc exsí-li- um, Laé-

tos júnge chó-ris caelésti- um, O Ma-rí- a! Sálve máter.

144. — Salve Virginale.

4.

S Alve * virginá- le Chrísti Jé- su pa-lá-ti- um :

sál- ve e- lecti- ó-nis tém-plum : in quo Dé- i

Pá- tris U- ni-gé-ni-tus habi- táre digná- tus est :

* O Dá-vid stirps regá- lis, o Má-ter pi- e-tá- tis,

Ma-rí- a! V. Tu gló- ri- a Jerú-sa- lem, tu laetí- ti- a

Isra- el : tu es Béthlehem gémma, o-lí-va Náza-reth :

o sáncta, o prae- e- lécta, o Vírgo Ma-rí- a!

* O Dá-vid.

145. — Sancta Maria.

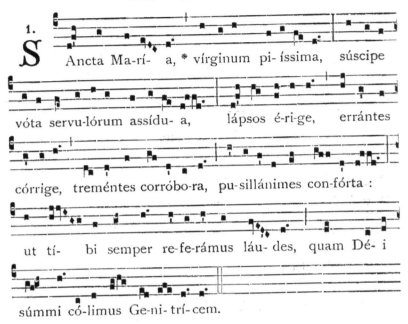

1. Sancta Ma-rí- a, * vírginum pi- íssima, súscipe vóta servu-lórum assídu- a, lápsos é-ri-ge, errántes córrige, treméntes corróbo-ra, pu-sillánimes con-fórta : ut tí- bi semper re-fe-rámus láu- des, quam Dé- i súmmi có-limus Ge-ni- trí- cem.

146. — Sub tuum.

7. SUB tú-um praesí-di- um confúgimus, * sáncta Dé- i Génitrix : nóstras depre-ca-ti- ónes ne despí-ci- as in neces- si-tá-tibus : sed a per-í-cu-lis cúnctis líbe-ra nos sem- per, Vírgo glo-ri- ó-sa et be- ne-dícta.

147. — Virgo Dei Genitrix.

Virgo, Dé-i Génitrix,* quem tótus non cápit órbis,

In tú-a se cláusit vísce-ra fáctus hómo. 2. Vé-ra fídes

Géni-ti purgávit crímina múndi, Et tí-bi virgí-ni-tas

invi-o-lá-ta mánet. 3. Te mátrem pi-e-tá-tis, ópem te clá-

mi-tat órbis : Subvéni-as fámu-lis, o benedícta, tú-is.

4. Gló-ri-a mágna Pátri, cómpar sit gló-ri-a Náto, Spi-rí-

tu-i Sáncto, gló-ri-a mágna Dé-o. Amen.

148. — Virgo Dei Genitrix.

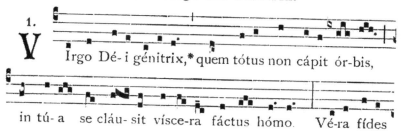

Virgo Dé-i génitrix,* quem tótus non cápit ór-bis,

in tú-a se cláu-sit vísce-ra fáctus hómo. Vé-ra fídes

Géni-ti   purgávit crímina múndi,   et tíbi   virgíni-

tas   invi-o-lá-ta má-net.

149. — Virgo parens Christi.

6.

V Irgo párens Chrí- sti * be-nedícta, Dé- um ge-

nu-í-sti : fúlgida stélla má-ris, nos pró-tege, nos tu-e-á- ris:*

* Dum tí-bi so-lémnes   cántant caéli   ágmina

láu- des. ℣. Intercé- de pí- a pro nó-

bis,   Vírgo Ma-rí-   a. * Dum. Gló-ri- a Pátri, et

Fí-li- o,   et Spi- rí-tu- i Sáncto. * Dum tíbi.

150. — Litaniae Lauretanae.

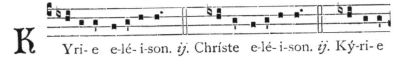

K Yri- e e-lé-i-son. ij. Chríste e-lé-i-son. ij. Ký-ri-e

e-lé-i-son. *ij.* Chríste áudi nos. *ij.* Chríste exáudi nos. *ij.*

Pá- ter de caé- lis Dé-us, mi-se-rére nóbis.
Fíli Redémptor mún-di Dé-us, mi-se-rére nóbis.
Spí- ri- tus Sáncte Dé-us, mi-se-rére nóbis.
Sán-cta Trínitas ú- nus Dé-us, mi-se-rére nóbis.

Sáncta Ma-rí- a, óra pro nóbis.

Sáncta	Dé-	i	Gé- ni-trix,
Sáncta	Vír-	go	vír- gi-num,
Má-		ter	Chrí- sti,
Máter di-	ví-	nae	grá-ti- ae,
Má-	ter	pu-	rís- si-ma
Má-	ter	ca-	stís- si-ma,
Máter in-	vi-	o-	lá- ta,
Máter in-	te-	me-	rá- ta,
Má-	ter	a-	má- bi-lis,
Máter	ad-	mi-	rá- bi-lis,
Máter bó-	ni	con-sí-	li- i,
Máter	Cre-	a-	tó- ris,
Máter	Sal-	va-	tó- ris,
Vírgo	pru-	den-tís-	si-ma,
Vírgo	ve-	ne-	rán- da,
Vírgo	prae-di-	cán-	da,
Vír-		go	pot- ens,
Vír-		go	clé- mens,
Vír-		go	fi- dé- lis,
Spécu-	lum	ju-	stí- ti-ae,
Sédes	sa-	pi-	én- ti-ae,
Cáusa nó-	strae	lae-	tí- ti-ae,
Vas spi-	ri-	tu-	á- le,
Vas	ho-	no-	rá- bi-le,
Vas insí-			
gne de-	vo-	tí-	ó- nis,

Ró-		sa	mý-stica,
Túr-		ris	Da- ví- di-ca,
Túr-		ris e-	búr-nea,
Dó-		mus	áu- re-a,
Foé-		de- ris	ár- ca,
Já-		nu- a	caé- li,
Stélla		ma-tu-	tí- na,
Sálus		in- fir-	mó- rum,
Refúgium		pec-ca-	tó- rum,
Consolátrix		af- fli-	ctó- rum,
Auxílium			
Chri-		sti- a-	nó- rum,
Regína		An-ge-	ló- rum,
Regína Pa-		tri- ar-	chá- rum,
Regína		Pro-phe-	tá- rum,
Regína A-		po- sto-	ló- rum,
Re-		gí- na	Mártyrum,
Regína		Confes-	só- rum,
Re-		gí- na	Vír-gi-num,
Regína San-		ctó-rum	óm-ni-um,
Regína sine			
lábe originá-li		con-	cé- pta,
Regína in caé-lum as-		súm-	pta,
Regína sa-			
cratíssi-		mi Ro-	sá- ri- i,
Re-		gí- na	pá- cis,

Agnus Dé- i, qui tóllis peccá-ta múndi, párce nóbis Dó-

mine. Agnus Dé- i, qui tóllis peccá-ta múndi, exáudi

nos Dómine. Agnus Dé- i, qui tóllis peccá-ta múndi,

mi-se-rére nó-bis.

℣. Ora pro nóbis sáncta Déi Génitrix.
℞. Ut dígni efficiámur promissiónibus Christi.

Orémus.

CONcéde nos fámulos tuos, quaé-sumus Dómine Deus, perpétua mentis et córporis sanitáte gaudére : † et gloriósa beátae Maríae semper Vírginis intercessióne, * a praesénti liberári tristítia, et aetérna pérfrui laetítia. Per Christum Dóminum nostrum. ℞. Amen.

Ab Adventu usque ad Nativitatem Domini .

℣. Angelus Dómini nuntiávit Maríae.
℞. Et concépit de Spíritu Sáncto.

Orémus.

DEus, qui de beátae Maríae Vírginis útero Verbum tuum, Angelo nuntiánte, carnem suscípere voluísti : † praesta supplícibus tuis; ut, qui vere eam Genitrícem Dei crédimus, * ejus apud te intercessiónibus adjuvémur. Per eúmdem Christum Dóminum nostrum. ℞. Amen.

A Nativitate Domini usque ad Purificationem B. M. V. :

℣. Post pártum, Vírgo, invioláta permansísti.
℞. Déi Génitrix, intercéde pro nóbis.

Orémus.

DEus, qui salútis aetérnae, beátae Maríae virginitáte fecúnda, humáno géneri praémia praestitísti : † tríbue, quaésumus; ut ipsam pro nobis intercédere sentiámus, * per quam merúimus auctórem vitae suscípere, Dóminum nostrum Jesum Christum Fílium tuum. ℞. Amen.

Tempore Paschali :

℣. Gáude et laetáre, Vírgo María, allelúia.
℞. Quia surréxit Dóminus vere, allelúia.

Orémus.

DEus, qui per resurrectiónem Fílii tui Dómini nostri Jesu Christi mundum laetificáre dignátus es : † praesta, quaésumus; ut per ejus Genitrícem Vírginem Maríam * perpétuae capiámus gáudia vitae. Per eúmdem Christum Dóminum nostrum. ℞. Amen

CANTUS II.

Kyri-e e-lé- i-son. *ij.* Chríste e-lé- i-son. *ij.* Ký-ri-e

e-lé- i-son. *ij.* Chríste áudi nos. *ij.* Chríste exáudi nos. *ij.*

Pá- ter de caé- lis	Dé-us,	mi-se-ré-re nó-bis.
Fí- li Red- émptor múndi	Dé-us,	mi-se-ré-re nó-bis.
Spí- ri- tus Sán-cte	Dé-us,	mi-se-ré-re nó-bis.
Sáncta Trí- ni- tas únus	Dé-us,	mi-se-ré-re nó-bis.

Sáncta Ma-rí- a, ó- ra pro nó-bis.

Sáncta Déi	Gé- ni-trix,		Ró- sa	mý-sti- ca,
Sáncta Vírgo	vír- gi-num,		Túr-ris Da-	ví- di- ca,
Má-ter	Chri- sti,		Túr-ris e-	búr-ne- a,
Má-ter divínae	grá- ti- ae,		Dó- mus	áu- re- a,
Má-ter pu-	rís- si- ma,		Foé-de- ris	ár- ca,
Má-ter ca-	stís- si- ma,		Já- nu- a	caé- li,
Má-ter invio-	lá- ta,		Stél-la matu-	tí- na,
Má-ter inteme-	rá- ta,		Sá- lus infir-	mó- rum,
Má-ter a-	má- bi-lis,		Re- fú- gium pecca-	tó- rum,
Má-ter admi-	rá- bi-lis,		Con-so- látrix affli-	ctó- rum,
Má-ter bóni con-	sí- li- i,		Au- xí- lium Christia-nó-	rum,
Má-ter Crea-	tó- ris,		Re- gí- na Ange-	ló- rum,
Má-ter Salva-	tó- ris,		Re- gí- na Patriar-	chá- rum,
Vír-go pruden-	tís- si- ma,		Re- gí- na Prophe-	tá- rum,
Vír-go vene-	rán- da,		Re- gí- na Aposto-	ló- rum,
Vír-go praedi-	cán- da,		Re- gí- na	Márty- rum,
Vír-go	pót- ens,		Re- gí- na Confes-	só- rum,
Vír-go	clé- mens,		Re- gí- na	Vír-gi-num,
Vír-go fi-	dé- lis,		Re- gí- na Sanctórum óm-ni-	um,
Spéculum ju-	stí- ti- ae,		Re- gí- na sine lábe	
Sédes sapi-	én- ti- ae,		origináli con- cé-	pta,
Cáusa nóstrae lae-	tí- ti- ae,		Re- gí- na in caélum assúm-	pta,
Vas spiritu-	á- le,		Re- gí- na sacratíssi-	
Vas hono-	rá- bi-le,		mi Ro- sá- ri- i,
Vas insígne devoti-	ó- nis,		Re- gí- na pá- cis,

Agnus Dé- i, qui tóllis peccá-ta múndi, párce nóbis Dó-

mine.   Agnus Dé- i, qui tóllis peccá-ta múndi,   exáudi

nos Dómine   Agnus Dé- i, qui tóllis peccá-ta múndi,

mi-se-ré-re nó-bis.

CANTUS III.

Ｋ Yri- e e-lé- i-son. *ij.* Chríste e-lé- i-son. *ij.* Kýri- e

e-lé- i-son. *ij.* Chríste áudi nos. *ij.* Chríste exáudi nos. *ij.*

Pá- ter   de caé- lis Dé- us, mi-se-ré-re nóbis.
Fíli Red-émptor mún-di   Dé- us, mi-se-ré-re nóbis.
Spí- ri-   tus Sáncte Dé- us, mi-se-ré-re nóbis.
Sáncta Tríni-tas   ú- nus Dé- us, mi-se-ré-re nóbis.

1. Sáncta Ma-rí- a,   ó-ra pro nóbis.

2. Sán-	cta		Dé-	i	Gé-	ni-	trix, ó-ra pro nóbis.
3. Sán-	cta		Vír-	go	Vír-	gi-	num, ó-ra pro nóbis.
4.	Má-	ter			Chrí-		sti, ó-ra pro nóbis.
5. Máter	di-		ví-	nae	grá-	ti-	ae, ó-ra pro nóbis.
6.	Má-		ter	pu-	rís-	si-	ma, ó-ra pro nóbis.
7.	Má-		ter	ca-	stís-	si-	ma, ó-ra pro nóbis.
8. Máter	in-		vi-	o-	lá-		ta, ó-ra pro nóbis.
9. Máter	in-		te-	me-	rá-		ta, ó-ra pro nóbis.
10.	Má-		ter	a-	má-	bi-	lis, ó-ra pro nóbis.
11. Má-	ter		ad-	mi-	rá-	bi-	lis, ó-ra pro nóbis.
12. Máter	bó-		ni	con-sí-		li-	i, ó-ra pro nóbis.
13. Má-	ter		Cre-	a-	tó-		ris, ó-ra pro nóbis.
14. Má-	ter		Sal-	va-	tó-		ris, ó-ra pro nóbis.
15. Vír-	go		pru-	den-tís-		si-	ma, ó-ra pro nóbis.
16. Vír-	go		ve-	ne-	rán-		da, ó-ra pro nóbis.
17. Vír-	go		prae-	di-	cán-		da, ó-ra pro nóbis.
18.	Vír-	go			pó-		tens, ó-ra pro nóbis.
19.	Vír-	go			clé-		mens, ó-ra pro nóbis.
20.	Vír-		go	fi-	dé-		lis, ó-ra pro nóbis.
21. Spé-	cu-		lum	ju-	stí-	ti-	ae, ó-ra pro nóbis.
22. Sé-	des		sa-	pi-	én-	ti-	ae, ó-ra pro nóbis.
23. Cáusa	no-		strae	lae-	tí-	ti-	ae, ó-ra pro nóbis.
24. Vas	spi-		ri-	tu-	á-		le, ó-ra pro nóbis.
25.	Vas		ho-	no-	rá-	bi-	le, ó-ra pro nóbis.
26. Vas insígne	de-		vo-	ti-	ó-		nis, ó-ra pro nóbis.
27.	Ró-	sa			mý-	sti-	ca, ó-ra pro nóbis.
28.	Túr-		ris	Da-	ví-	di-	ca, ó-ra pro nóbis.
29.	Tur-		ris	e-	búr-	ne-	a, ó-ra pro nóbis.
30.	Dó-	mus			áu-	re-	a, ó-ra pro nóbis.
31.	Foé-		de-	ris	ár-		ca, ó-ra pro nóbis.
32.	Já-		nu-	a	caé-		li, ó-ra pro nóbis.
33. Stél-	la		ma-	tu-	tí-		na, ó-ra pro nóbis.
34. Sá-	lus		in-	fir-	mó-		rum, ó-ra pro nóbis.
35. Refúgi-	um		pec-	ca-	tó-		rum, ó-ra pro nóbis.
36. Consolá-	trix		af-	fli-	ctó-		rum, ó-ra pro nóbis.
37. Auxílium	Chri-		sti-	a-	nó-		rum, ó-ra pro nóbis.
38. Regí-	na		an-	ge-	ló-		rum, ó-ra pro nóbis.
39. Regína	Pa-		tri-	ar-	chá-		rum, ó-ra pro nóbis.
40. Regí-	na		Pro-	phe-tá-			rum, ó-ra pro nóbis.
41. Regína	A-		po-	sto-	ló-		rum, ó-ra pro nóbis.
42.	Re-		gí-	na	Már-	ty-	rum, ó-ra pro nóbis.
43. Regí-	na		Con-	fes-	só-		rum, ó-ra pro nóbis.
44.	Re-		gí-	na	Vír-	gi-	num, ó-ra pro nóbis.
45. Regína	San-		ctó-	rum óm-	ni-		um, ó-ra pro nóbis.
46. Regína sine lábe origi-	ná-		li	con-cé-			pta, ó-ra pro nóbis.
47. Regína in	caé-		lum	as-	súm-		pta, ó-ra pro nóbis.
48. Regína sa- cratís-	si-		mi	Ro-	sá-	ri-	i, ó-ra pro nóbis.
49.	Re-		gí-	na pá-			cis, ó-ra pro nóbis.

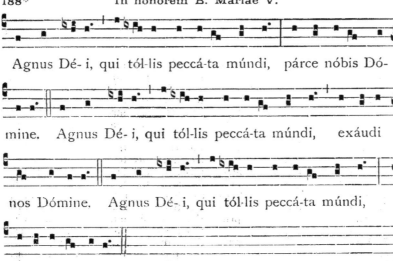

Agnus Dé- i, qui tól-lis peccá-ta múndi, párce nóbis Dó-

mine. Agnus Dé- i, qui tól-lis peccá-ta múndi, exáudi

nos Dómine. Agnus Dé- i, qui tól-lis peccá-ta múndi,

mi-se-ré-re nóbis.

IV. IN HONOREM SANCTORUM.

IN FESTIS SANCTI JOSEPH.

151. — Invocavi Dominum.

Nvocá-vi Dómi- num, * Pátrem Dómi- ni

mé- i. ℣. Ut non de-re-línquat me in dí- e tribu-la-ti- ó-

nis. ℣. Gló-ri- a Pátri, et Fí- li- o, et Spi- rí- tu- i Sáncto.

152. — Constituit eum. *(Tempore Paschali.)*

Onstí-tu-it é-um dóminum dómus sú- ae,

* Alle- lú-ia, al-le- lú- ia. ℣. Et príncipem ómnis posses-

si- ó-nis sú- ae. ℣. Gló-ri-a Pátri, et Fí- li- o, et Spi-

rí- tu- i Sáncto.

153. — Caelitum Joseph decus.

1.

Aé-li-tum Jó-seph décus, atque nóstrae Cérta spes

ví-tae, co-luménque múndi, Quas tíbi laéti cánimus, be-

ní-gnus Sús- cipe láudes. 2. Te Sátor ré-rum státu- it pu-

dícae Vírgi-nis spónsum, vo-lu- ítque Vérbi   Te pátrem

dí-ci,   dédit et mi-ní-strum Es- se sa-lú-tis. 3. Tu Redem-

ptó-rem stábu-lo jacéntem, Quem chórus Vá-tum cé-ci-nit

futú-rum, Aspi-cis gáudens, humi-lísque ná- tum Nú-men

adó-ras. 4. Rex Dé-us ré-gum, Dominá-tor órbis, Cú-jus

ad nú-tum trémit inferó-rum Túrba, cui prónus   famu-

látur aéther, Se   tíbi subdit. 5. Laus sit excélsae Trí-a-

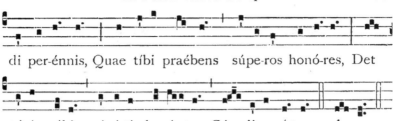

di per-énnis, Quae tíbi praébens súpe-ros honó-res, Det

tú-is nóbis mé-ri-tis be- á- tae Gáu-di-a ví-tae.   Amen.

154. — Jam laetus moriar.

AM laétus mó-ri- ar, * qui-a ví- di fá-ci-em

tú- am, et supérsti-tem te re- lín-quo.   Non sum

fraudá- tus aspéctu tú-o; * Insuper osténdit

mí- hi Dó- mi-nus sé- men tú- um. *T. P.* Al-le-

lú- ia. ℣.Qui páscit me ab adolescénti-a mé- a,

benedí-cat pú-e-ris í-stis : et invocé-tur super é- os

nómen mé- um. * Insuper.

155. — Iste quem laeti.

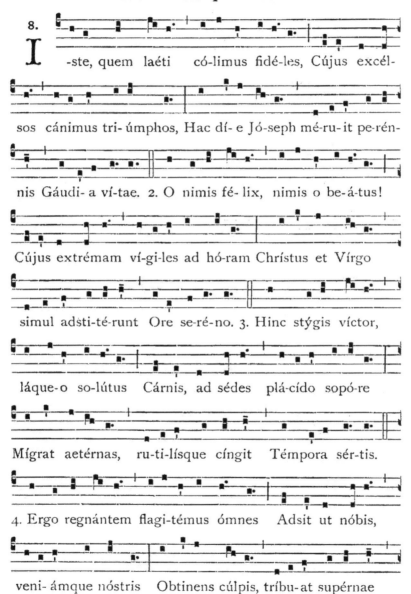

8.

I -ste, quem laéti   có-limus fidé-les, Cújus excél-

sos cánimus tri- úmphos, Hac dí- e Jó-seph mé-ru- it pe-rén-

nis Gáudi- a ví-tae. 2. O nimis fé- lix, nimis o be-á-tus!

Cújus extrémam ví-gi-les ad hó-ram Chrístus et Vírgo

simul adsti-té-runt Ore se-ré-no. 3. Hinc stýgis víctor,

láque-o so-lútus Cárnis, ad sédes plá-cído sopó-re

Mígrat aetérnas, ru-ti-lísque cíngit Témpora sér-tis.

4. Ergo regnántem flagi-témus ómnes   Adsit ut nóbis,

veni- ámque nóstris Obtinens cúlpis, tríbu-at supérnae

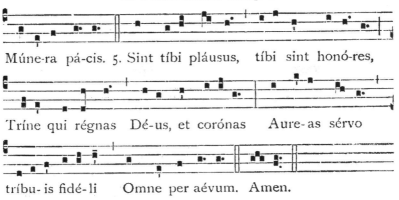

Múne-ra pá-cis. 5. Sint tíbi pláusus, tíbi sint honó-res,

Tríne qui régnas Dé-us, et corónas Aure-as sérvo

tríbu- is fidé-li Omne per aévum. Amen.

156. — Iste Confessor, patriarcha.

1.

I - ste Conféssor, patri- árcha mágnus, De dómo

Dá-vid generósus haé- res, Dígnus auctó- ris, hóminum

vo-cá-ri, Est pá-ter álmus. 2. Qui mánens jústus, plá-

ci-tus supérnis, Ré-gis aetérni fú- it álmae Má- tris

Spónsus et cústos Ma-rí- ae pro nóbis Cún-cta regéntis.

3. I- pse Béthle- em pa-ri-énte Spónsa, Ví-dit, agnó-vit

Dóminum jacén-tem, Quem a-do-rá-vit hóminem De- úm-

que Cúncta levántem. 4. Sit sá-lus Chrí-sto décus et

poté-stas, Pátris aetérni Géni-to perén-ni, Qui pro humá-

ni gé-ne-ris sa-lú-te Est hómo fáctus. A-men.

157. — O felicem virum.

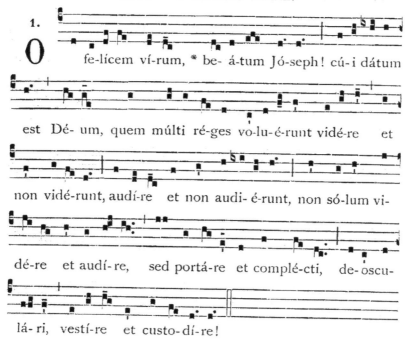

1. O fe-lícem ví-rum, * be- á-tum Jó-seph! cú-i dátum

est Dé- um, quem múlti ré-ges vo-lu-é-runt vidé-re et

non vidé-runt, audí-re et non audi- é-runt, non só-lum vi-

dé-re et audí-re, sed portá-re et complé-cti, de- óscu-

lá- ri, vestí-re et custo-dí-re!

158. — Laeto cantu.

1.

L Aéto cántu   ce-lebré-tur Cástae cónjux . Vírgi-nis,

Incarná-ti   collaudé-tur Nutrí-ti- us Núminis. 2. O quam

gránde   tíbi Pá-ter Depósi-tum crédidit! Fé-lix cú- i

Vírgo Má-ter Sé-se spónsam súbdi-dit. 3. Quántas ví-ces

exercébas   Sácrae dux famí-li-ae! Quantis cú-ris provi-

débas Núminis infánti-ae! 4. Ipsi pá-rent e-leménta, Qui

tí-bi Rex súbdi-tur. Fírmat térrae fundaménta, Qui te

dúce régi-tur. 5. Qui tellú-ris mó-lem líbrat, Tú- a mánu

gé-ri-tur : Cúnctis éscam qui minístrat, A te pú-er pásci-

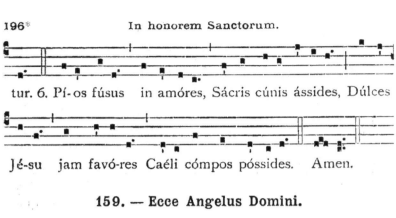

tur. 6. Pí-os fúsus in amóres, Sácris cúnis ássides, Dúlces

Jé-su jam favó-res Caéli cómpos póssides. Amen.

159. — Ecce Angelus Domini.

Cce Ange-lus Dómini * appá-ru- it in sómnis

Jóseph, dí- cens : Súrge, et áccipe pú- erum et mátrem

é-jus, et fúge in Ægýptum.

160. — Laetare alma Mater.

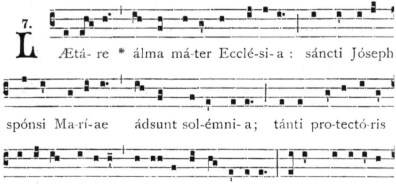

Ætá- re * álma má-ter Ecclé-si- a : sáncti Jóseph

spónsi Ma-rí-ae ádsunt sol-émni- a; tánti pro-tectó-ris

laetá-re mé-ri-tis, laetá- re patro- cí-ni- o; cújus glo-ri-ósae

préces et pí- a suffrági- a nos tu- e-ántur semper ac

dúcant ad caelésti- a.

161. — Laudemus Deum.

2.
L Audé- mus Dé- um nó-strum : * In ve- ne- ra-

ti- ó- ne be- á- ti Jóseph Pro-tectó- ris † nóstri,

alle- lú-ia. *Extra T. P.* † nó- stri.

162. — Fidelis servus.

4.
F Idé- lis sér- vus * et prú- dens quem constí-tu-

it Dóminus super famí- li- am sú- am :

* Amen dí- co vóbis quóni- am super ómni- a bóna

sú-   a   constí-   tu- et   é-   um. *T. P.* Al-

le-   lú-   ia. ℣. Qui cústos est   Dómi-ni

sú-   i, glo- ri-fi-   cá-   tur. * Amen. ℣. Gló-ri- a

Pátri, et Fí-li-   o,   et Spi-rí- tu-i   Sán- cto. * Amen.

163. — Litaniae.

K Yri- e e-lé- i-son. *ij.* Chríste e-lé- i-son. *ij.* Ký-ri-e

e-lé- i-son. *ij.* Chríste áudi nos. *ij.* Chríste exáudi nos. *ij.*

Pá- ter de   caé- lis Dé- us, mi-se-ré-re nóbis.
Fí- li Redémptor mún-di Dé- us, mi-se-ré-re nóbis.
Spí- ri- tus   Sáncte Dé- us, mi-se-ré-re nóbis.
Sáncta Tríni- tas ú- nus Dé- us, mi-se-ré-re nóbis.

1. Sáncta   Ma- rí- a,   óra pro nóbis.
2. Sán-   cte Jó- seph, óra pro nóbis.

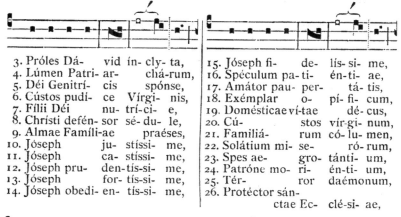

3. Próles Dá- vid ín- cly- ta,
4. Lúmen Patri- ar- chá-rum,
5. Déi Genitrí- cis spónse,
6. Cústos pudí- ce Vírgi- nis,
7. Fílii Déi nu- trí-ci- e,
8. Christi defén- sor sé- du- le,
9. Almae Família-ae praéses,
10. Jóseph ju- stíssi- me,
11. Jóseph ca- stíssi- me,
12. Jóseph pru- den-tís-si- me,
13. Jóseph for- tís-si- me,
14. Jóseph obedi- en- tís-si- me,

15. Jóseph fi- de- lís-si- me,
16. Spéculum pa-ti- én-ti- ae,
17. Amátor pau- per- tá- tis,
18. Exémplar o- pí- fi- cum,
19. Domésticae ví-tae dé- cus,
20. Cú- stos vír-gi- num,
21. Familiá- rum có- lu- men,
22. Solátium mi- se- ró- rum,
23. Spes ae- gro- tánti- um,
24. Patróne mo- ri- én-ti- um,
25. Tér- ror daémonum,
26. Protéctor sán- ctae Ec- clé-si- ae,

Agnus Dé- i, qui tóllis peccá-ta múndi, párce nó-bis
Agnus Dé- i, qui tóllis peccá-ta múndi, exáu-di nos
Agnus Dé- i, qui tóllis peccá-ta múndi. mi-se- ré- re

Dómi-ne.
Dómi-ne.
nó-bis.

℣. Constítuit éum dóminum dómus súae.
℞. Et príncipem ómnis possessiónis súae.

Orémus.

DEus, qui ineffábili providéntia beátum Joseph sanctíssimae Genitrícis tuae sponsum elígere dignátus es : † praesta, quaésumus; ut quem protectórem venerámur in terris, * intercessórem habére mereámur in caelis: Qui vivis et regnas in saécula saeculórum. Amen.

24 Junii. — IN NATIVITATE S. JOANNIS BAPTISTAE.

164. — Quis olim.

1. Quis ó-lim hic é-rit Pú-er qui násci-tur? Quae se jam éxe-rit, Quid ope-rábi-tur Dé-i poténti-a? 2. Nascénte fí-li-o, Vox pátri réddi-tur; Dé-i consí-li-o Má-ter im-bú-i-tur; Stúpet vi-cíni-a. 3. Sit plénum gáudi-um Ad haec na-tá-li-a : Non írae fí-li-um Mátris fe-lí-ci-a Emíttunt vísce-ra. 4. Dúcem ne quaéri-te Hújus infánti-ae : Ex álto tráditae Est plénus grá-ti-ae, Qui súgit úbe-ra.

5. Prophé-ta násci-tur Nóvus Altíssimi : Praecúrsor ó-ri-tur Jam Só-lis próximi, Orbem qui ví-si-tat. 6. En plébis cér-

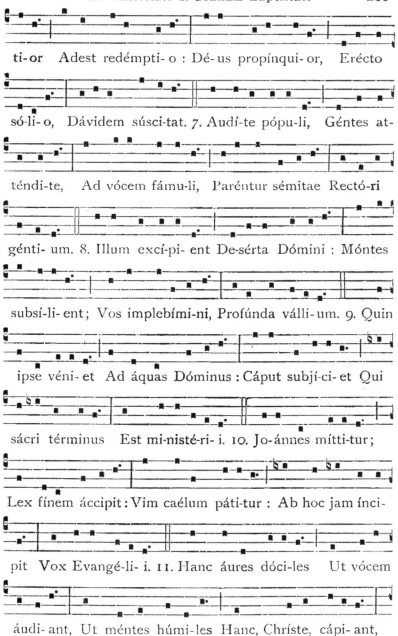

ti-or Adest redémpti- o : Dé- us propínqui- or, Erécto

só-li- o, Dávidem súsci-tat. 7. Audí-te pópu-li, Géntes at-

téndi-te, Ad vócem fámu-li, Paréntur sémitae Rectó-ri

génti- um. 8. Illum excí-pi- ent De-sérta Dómini : Móntes

subsí-li- ent; Vos implebími-ni, Profúnda válli- um. 9. Quin

ipse véni- et Ad áquas Dóminus : Cáput subjí-ci- et Qui

sácri términus Est mi-nisté-ri- i. 10. Jo-ánnes mítti-tur;

Lex fínem áccipit : Vim caélum páti-tur : Ab hoc jam ínci-

pit Vox Evangé-li- i. 11. Hanc áures dóci-les Ut vócem

áudi- ant, Ut méntes húmi-les Hanc, Chríste, cápi- ant,

Fránge du-rí-ti- am. 12. In hoc ne ségni-ter Laetémur lúmine, Tráhe nos fórti-ter A Vá-tis flúmine Ad tú- am grá-
ti- am. A- men.

165. — Inter natos mulierum. I.

6.

Nter ná-tos mu-lí- e- rum * Non surréxit má-
jor. ℣. Jo- ánne Baptí-sta. ℣. Gló-ri- a Pátri, et Fí-
li- o, et Spi- rí- tu- i Sáncto.

166. — Inter natos mulierum. II.

6.

Nter ná-tos mu-lí- e-rum * Non surré-xit má-jor.
℣. Jo- ánne Baptísta. ℣. Gló-ri- a Pátri, et Fí- li- o, et
Spi-rí-tu-i Sáncto.

167. — O nimis félix.

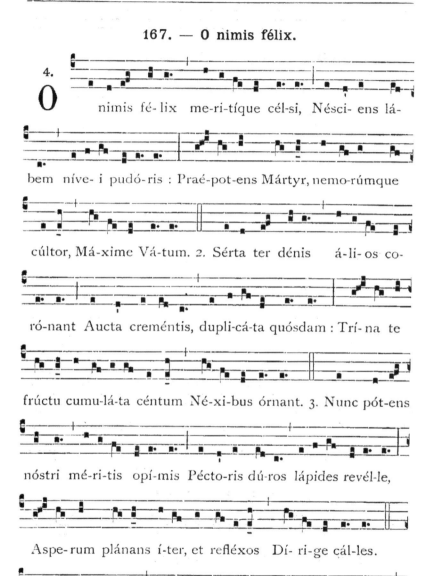

4.

O nimis fé-lix me-ri-tíque cél-si, Nésci- ens lá-

bem níve- i pudó-ris : Praé-pot-ens Mártyr, nemo-rúmque

cúltor, Má-xime Vá-tum. 2. Sérta ter dénis á-li- os co-

ró-nant Aucta creméntis, dupli-cá-ta quósdam : Trí- na te

frúctu cumu-lá-ta céntum Né-xi-bus órnant. 3. Nunc pót-ens

nóstri mé-ri-tis opí-mis Pécto-ris dú-ros lápides revél-le,

Aspe-rum plánans í-ter, et refléxos Dí- ri-ge cál-les.

4. Ut pí- us múndi Sátor et Redémptor, Méntibus cúlpae

sine lá-be pú-ris, Ri- te digné-tur vé-ni- ens be- á-tos

Pó-ne-re gréssus. 5. Láudibus cíves cé-lebrent supérni

Te Dé- us símplex, pa-ri-térque trí-ne : Súppli-ces et nos

vé-ni- am pre-cámur, Párce redémptis. Amen.

168. — Praecursor Domini.

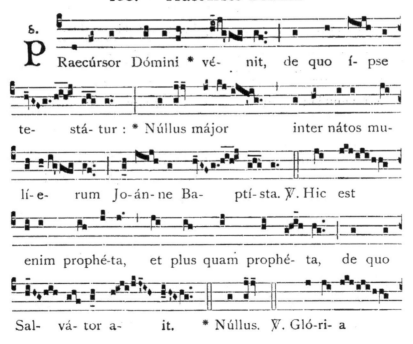

8.

P Raecúrsor Dómini * vé- nit, de quo í- pse

te- stá- tur : * Núllus májor inter nátos mu-

lí- e- rum Jo-án- ne Ba- ptí- sta. ℣. Hic est

enim prophé-ta, et plus quam prophé- ta, de quo

Sal- vá- tor a- it. * Núllus. ℣. Gló-ri- a

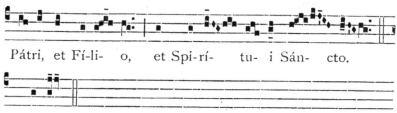

Pátri, et Fí-li- o, et Spi-rí- tu- i Sán- cto.

* Núllus.

℣. Iste púer mágnus coram Dómino.
℟. Nam et mánus éjus cum ípso est.

Oratio.

SUmat Ecclésia tua, Deus, beáti Joánnis Baptístae generatióne laetítiam : * per quem suae regene- ratiónis cognóvit auctórem, Dóminum nostrum Jesum Christum, Fílium tuum : Qui tecum.

---

29 Junii.

IN FESTO SS. APOSTOLORUM PETRI ET PAULI.

169. — Roma Petro gloriétur.

R Oma Pétro glo-ri- é-tur, Róma Páulum ve-ne-ré-tur

Pá-ri reverénti- a; 2. Imo tóta jocundétur, Et jocúndis

occupé-tur Láudibus Ecclé-si- a. 3. Hi sunt é-jus fúnda-

ménta, Fundató-res, fulciménta, Báses, epistý-li- a. 4. Iidem

sága qui cortínæ, Pélles témpi jacinthínae, Scýphi sphé-

rae lí-li-a. 5. Hi sunt núbes coruscántes, Térram córdis

irri-gántes Nunc ró-re, nunc plúvi-a; 6. Hi praecónes nó-

vae légis, Et ductó-res nóvi gré-gis Ad Chrí-sti praesé-

pi-a. 7. Labó-rum só-ci-i Tri-tú-rant áre-am, In spe

dená-ri-i Co-léntes víne-am. 8. Hic venti-lánti-bus, Se-

cédit pá-le-a, Novísque frúgi-bus Repléntur hórre-a.

9. Ipsi móntes appellántur : Ipsi prí-us il-lustrántur Vé-ri

só-lis lúmine. 10. Mí-ra vír-tus est e-órum : Firmaménti

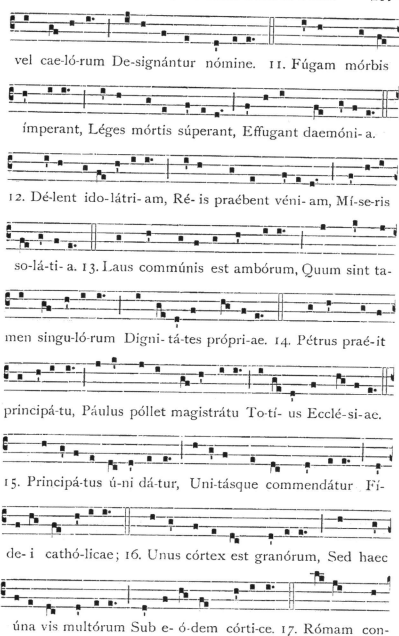

vel cae-ló-rum De-signántur nómine. 11. Fúgam mórbis

ímperant, Léges mórtis súperant, Effugant daemóni- a.

12. Dé-lent ido-látri- am, Ré- is praébent véni- am, Mí-se-ris

so-lá-ti- a. 13. Laus commúnis est ambórum, Quum sint ta-

men singu-ló-rum Digni- tá-tes própri-ae. 14. Pétrus praé-it

principá-tu, Páulus póllet magistrátu To-tí- us Ecclé-si-ae.

15. Principá-tus ú-ni dá-tur, Uni-tásque commendátur Fí-

de- i cathó-licae; 16. Unus córtex est granórum, Sed haec

úna vis multórum Sub e- ó-dem córti-ce. 17. Rómam con-

vénerant Sa-lú-tis núnti- i,   Ubi plus nóverant Inésse

ví- ti- i,   Níhil disciplínae.   18. Insístunt ví-ti- is Fi-dé-les

mé-di- ci; Vítae remédi- is   Obstant phrené-ti-ci,   Fátu- i

doctrínae. 19. Fácta Chrísti menti- óne,   Símon mágus cum

Ne-róne   Conturbántur hoc sermóne,   Nec cédunt Apósto-

lis. 20. Lánguor cédit, mors o-bédit, Mágus crépat, Róma

crédit,   Et ad ví-tam múndus rédit, Reprobá-tis í-do-lis.

21. Né-ro frémit sce- le- rátus, Mági mórte deso-látus, Cújus

érror é- i grátus, Gráve praeci-pí- ti- um. 22. Bella-tó-res

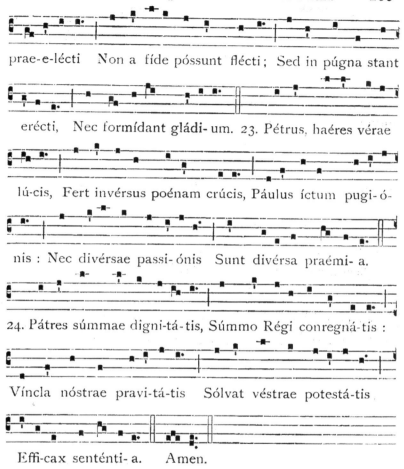

prae-e-lécti   Non a fíde póssunt flécti; Sed in púgna stant

erécti,   Nec formídant gládi- um.   23. Pétrus, haéres vérae

lú-cis,   Fert invérsus poénam crúcis, Páulus íctum pugi- ó-

nis : Nec divérsae passi- ónis   Sunt divérsa praémi- a.

24. Pátres súmmae digni-tá-tis, Súmmo Régi conregná-tis :

Víncla nóstrae pravi-tá-tis   Sólvat véstrae potestá-tis

Effi-cax senténti- a.   Amen.

170. — Hodie illuxit.

1. Ŏdi- e   * il-lúxit nóbis laétus dí- es,   in quo

súmmi   Ré-gis sena- tóres,   Aposto-ló- rum prín-

cipes,   Pétrus   et Páulus,   ad supér- nam Ange-

lórum   cú-ri- am,   ál-ter crúce,   álter glá-

di- o, perve- né-runt : quaprópter   laéto ó- re dicá-

mus ómnes : al-le-   lú-ia.

℣. Nimis honoráti sunt amíci túi Déus.
℟. Nimis confortátus est principátus eórum.

Oratio.

DEus, qui hodiérnam diem Apostolórum tuórum Petri et Pauli martýrio consecrásti : † da Ecclésiae tuae, eórum in ómnibus sequi praecéptum; * per quos religiónis sumpsit exórdium. Per Christum.

---

1 Julii. — PRETIOSISSIMI SANGUINIS D. N. J. C.

171. — Redemisti nos.

6.

R Edemísti nos, Dómi- ne,   * In sánguine   tú- o.

℣. Ex ómni tríbu, et língua, et pópulo, et na-ti- ó- ne.

℣. Gló-ri- a Pátri, et Fí- li- o, et Spi- rí- tu- i Sáncto.

172. — Salvete, Christi vulnera.

3.

S Alvé-te, Chrí- sti vúlne-ra,   Imménsi amó-ris pí-

gno-ra, Quíbus perén- nes rí-vu-li Mánant rubéntis sángui-

nis. 2. Ni-tóre stél- las vínci- tis, Ró-sas odóre et bálsa-

ma, Prétio lapíl- los Indi-cos, Méllis fávos dulcé-di-ne.

3. Per vos pátet gra-tíssimum Nóstri a-sý- lum ménti-

bus; Non huc fúror mi-nánti- um Unquam penétrat hós-

ti- um. 4. Quot Jé-sus in praetó- ri- o Flagél-la nú-dus

éxci-pit! Quot scíssa pél- lis úndique Stíllat cru- ó-ris

gúttu-las! 5. Fróntem venús- tam, proh dó-lor! Co-ró-na

púngit spíne- a, Clávi re-tú- sa cúspi-de   Pédes manús-

que pérfo-rant. 6. Póstquam sed íl- le trádi-dit   Amans vo-

lénsque spí- ri- tum, Péctus fe-rí- tur lánce- a , Gem*i*nús-

que líquor éxsi-lit. 7. Ut pléna sit   re-démpti- o,   Sub tor-

cu-lá-ri stríngi-tur, Su-íque Jé- sus ímmemor Síb*i* nil

re-sérvat sánguinis. 8. Ve-ní-te, quótquot crími-num   Funé-

sta lábes ín-fi-cit : In hoc sa-lú- tis bálne- o Qui se

lávat, mundá-bi-tur. 9. Súmm*i* ad Parén-tis déxte-ram

Sedént*i* habénd*a* est grá-ti- a, Qui nos redé- mit sángui-

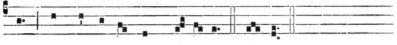

ne   Sanctóque fírmat Spí- ri-tu.   A-men.

℣. Justificáti in sánguine Chrísti.
℟. Sálvi érimus ab íra per ípsum.

Oratio.

OMnípotens sempitérne Deus, qui unigénitum Fílium tuum mundi Redemptórem constituísti, ac ejus sánguine placári voluísti : † concéde, quaésumus, salútis nostrae prétium solémni cultu ita venerári, atque a praeséntis vitae malis ejus virtúte deféndi in terris; * ut fructu perpétuo laetémur in caelis. Per eúmdem Christum Dóminum.

---

26 Julii. — S. ANNAE, MATRIS B. M. V.

173. — Gaude, mater Anna.

7.

Gaude, má-ter Anna, Gáude, má-ter sáncta, Cum sis pá-rens fácta Genitrí- cis Dé- i. 2. Pláude tá-li ná- tae : Vírgi-ni Ma-rí- ae; Ejus geni- tó-ri, Jó-achim congáude. 3. In hac nóstra tér-ra Prímo be-ne-dícta, Quae fú-it in Eva Quóndam ma-le-dí-cta. 4. Ergo sú-

me láudes, Quas dámus o-vántes, Nos ab ómni sórde

Tú-a pré-ce tér-ge. 5. Sit laus Dé- o Pá-tri, Súmmo Chrí-

sto décus, Spi- rí-tu- i Sáncto,   Tríbus hó-nor ú- nus.

Amen.

℣. Diffúsa est grátia in lábiis túis.
℟. Proptérea benedíxit te Déus in aetérnum.

Oratio.

DEus, qui beátae Annae grátiam conférre dignátus es, ut Genitrícis unigéniti Fílii tui mater éffici mererétur : † concéde propítius; ut cujus solémnia celebrámus, * ejus apud te patrocíniis adjuvémur. Per eúmdem Christum Dóminum.

---

25 Aug. — S. LUDOVICI, REGIS ET CONFESSORIS.

174. — Rex summe regum.

REX súmme régum, qui pot-énti númine, Quo

sunt cre- á-ta régna, nú-tu dí-vi-dis, Dum thú-re fú-

mant témpla, vó- ce pérsonant, Audi pro-fú-sas Ré-gis in

láudem préces. 2. Na- scens in ipsa Ludo- ví-cus púrpu-

ra, Scéptris aví-tis párvus ádmo- vet mánus, Pi- aéque

dúctu mátris, igná-rus má-li, Serví-re Chrísto díscit, án-

tequam régat. 3. Jú- sti se- vérus cúltor, úrbes légibus,

Amó-re cíves cónti-nens, hó-stes mé-tu : Pie- táte caé-

lum fléctit, á-ras éxci-tat; De- óque témpla, técta nú-dis

é- ri-git. 4. Mox chri-sti- á-ni sé-rus úl-tor sángui-nis,

Eménsus aéquor, inque lít-tus bárba-rum Ve- xílla

pándens, úrget ármis ímpi- os, U-nóque ví-tam pro Dé-o

pa-cí-sci-tur. 5. Sit Tri-ni- tá-ti sempi-térna gló-ri-a,

Hónor, potéstas atque ju-bi- lá-ti-o In uni- táte,

quae gubérnans ómni- a, Per cúncta régnat saecu-ló-rum

saécu-la. A-men.

℣. Ora pro nobis, beáte Ludovíce.
℟. Ut digni efficiámur promissiónibus Christi.

Oratio.

PRaesta, quaésumus omnípotens Deus : † ut, sicut beátus Ludovícus Conféssor tuus, spretis mundi oblectaméntis, soli Regi Christo placére stúduit; * ita ejus orátio nos tibi reddat accéptos. Per eúmdem Christum Dóminum nostrum.

---

29 Sept. — IN DEDICATIONE S. MICHAELIS ARCHANGELI.

175. — Christe, sanctorum.

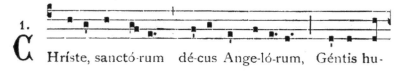

1.

CHríste, sanctó-rum dé-cus Ange-ló-rum, Géntis hu-

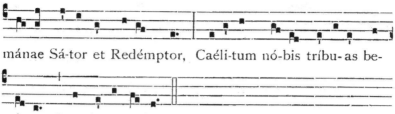

mánae Sá-tor et Redémptor, Caéli-tum nó-bis tríbu- as be-

á-tas Scánde-re sé-des.

2.
Angelus pácis Míchaël in aédes
Caélitus nóstras véniat, serénae
Auctor ut pácis lacrimósa in órcum
Bélla reléget.

3.
Angelus fórtis Gábriel, ut hóstes
Péllat antíquos, et amíca caélo,
Quæ triumphátor státuit per órbem,
Témpla revísat.

4.
Angelus nóstrae médicus salútis,
Adsit e caélo Ráphaël, ut ómnes
Sánet aegrótos, dubiósque vítae
Dírigat áctus.

5.
Vírgo, dux pácis, Genitríxque lúcis,
Et sácer nóbis chórus Angelórum
Semper assístat, simul et micántis
Régia caéli.

6.
Praéstet hoc nóbis Déitas beáta
Pátris, ac Náti, paritérque Sáncti
Spíritus, cújus résonat per ómnem
Glória múndum. Amen.

℣. In conspéctu Angelórum psállam tíbi, Déus méus.
℟. Adorábo ad témplum sánctum túum, et confitébor nómini túo.

Oratio.

DEus, qui miro órdine Ange-lórum ministéria hominúmque dispénsas : † concéde propítius ; ut a quibus tibi ministrántibus in caelo semper assístitur, * ab his in terra vita nostra muniátur. Per Christum Dóminum nostrum.

---

3 Oct. — S. TERESIAE A JESU INFANTE.

(vel pro una virgine)

176. — Regnum mundi.

5.

REgnum mún- di * et ómnem orná-tum

saé- cu- li contémpsi propter amó-rem Dómi- ni nó-stri

Jé-su Chrí-sti : * Quem ví-di, quem amá- vi, in quem

crédi-di, quem di- lé- xi. ℣. Eructá- vit cor mé- um

vérbum bó- num, díco é- go ó- pera mé- a Ré- gi.

* Quem ví-di. Glóri- a Pátri, et Fí-li- o, et Spi-

rí-tu- i Sáncto. * Quem ví-di.

176 bis. — Alter cantus

5. R Egnum mún -di * et ómnem ornátum

saé- cu- li contémpsi propter amó-rem Dómi- ni nó-stri

Jé-su Chrí-sti : * Quem ví-di, quem amá- vi, in quem

crédi-di, quem di- lé- xi ℣. Eructá- vit cor mé- um

vérbum bó- num : dí-co é- go ó- pe-ra mé-a Ré- gi.

Quem. Gló-ri- a Pátri, et Fí-li- o, et Spi-rí-tu-i

Sáncto. * Quem

℣. Ora pro nóbis beáta Terésia.
℟. Ut dígni efficiámur promissiónibus Christi.

Oratio.

DOmine, qui dixísti : Nisi efficiámini sicut párvuli, non intrábitis in regnum caelórum : † da nobis, quaésumus; ita sanctae Terésiae Vírginis in humilitáte et simplicitáte cordis vestígia sectári, * ut praémia consequámur aetérna : Qui vivis et regnas in saécula.

---

11 Nov. — S. MARTINI EPISC. ET CONF.

177. — Gaude Sion. [1]

7.

Aude Si- on, quae dí- em ré-co-lis, Qua Martínus,

cómpar Apósto-lis, Múndum vín-cens, júnctus caelíco-lis

Co-roná-tur. 2. Hic Martínus, páuper et módi-cus, Sérvus

¹ Alter cantus nº 244.

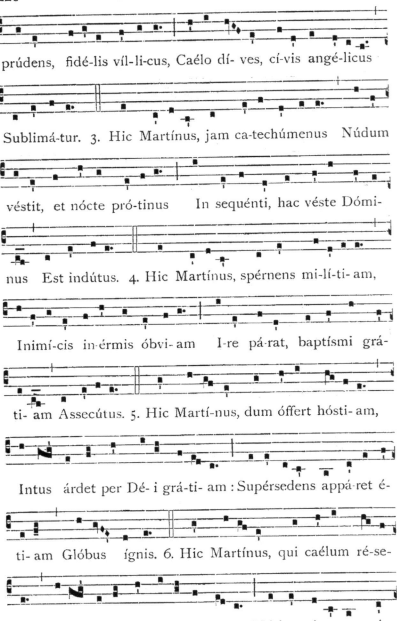

prúdens, fidé-lis víl-li-cus, Caélo dí- ves, cí-vis angé-licus

Sublimá-tur. 3. Hic Martínus, jam ca-techúmenus   Núdum

véstit, et nócte pró-tinus   In sequénti, hac véste Dómi-

nus   Est indútus. 4. Hic Martínus, spérnens mi-lí-ti- am,

Inimí-cis in-érmis óbvi- am   I-re pá-rat, baptísmi grá-

ti- am Assecútus. 5. Hic Martí-nus, dum óffert hósti- am,

Intus   árdet per Dé- i grá-ti- am : Supérsedens appá-ret é-

ti- am Glóbus   ígnis. 6. Hic Martínus, qui caélum ré-se-

rat, Má-ri praé-est et térris ímpe-rat, Mórbos sánat et món-

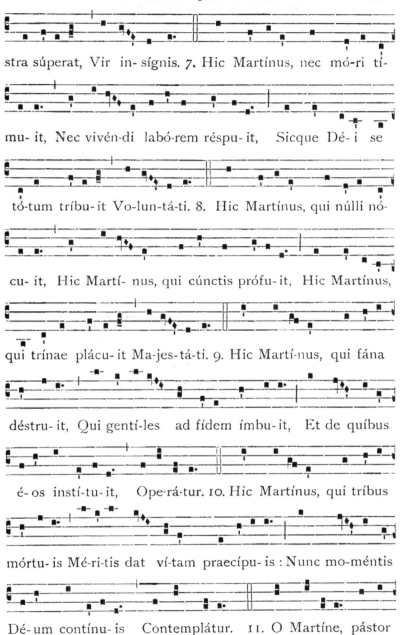

stra súperat, Vir in- sígnis. 7. Hic Martínus, nec mó-ri tí-

mu- it, Nec vivén-di labó-rem réspu- it, Sicque Dé- i se

tó-tum tríbu- it Vo-lun-tá-ti. 8. Hic Martínus, qui núlli nó-

cu- it, Hic Martí- nus, qui cúnctis prófu- it, Hic Martínus,

qui trínae plácu- it Ma-jes-tá-ti. 9. Hic Martí-nus, qui fána

déstru- it, Qui gentí-les   ad fídem ímbu- it, Et de quíbus

é- os instí-tu- it,   Ope-rá-tur. 10. Hic Martínus, qui tríbus

mórtu- is Mé-ri-tis dat   ví-tam praecípu- is : Nunc mo-méntis

Dé-um contínu- is   Contemplátur.   11. O Martíne, pástor

egrégi-e,   O caeléstis cónsors mi-lí-ti-ae,   Nos a   lúpi

de-féndas rábi- e   Saevi-éntis.   12. O Martíne,   fac nunc

quod gésse-ras,   Dé-o préces pro nóbis óffe-ras,   Esto mé-

mor, quam nunquam dé-se-ras   Tú-ae géntis.   Amen.

178. — O Martine.

Ant.
1.

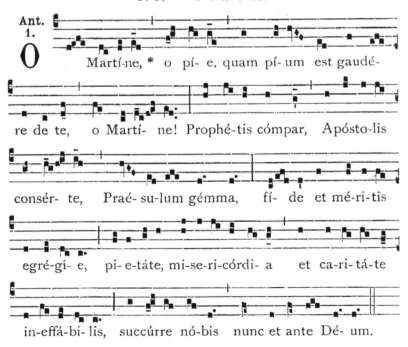

O   Martí-ne, *   o pí- e, quam pí- um est gaudé-

re de te,   o Martí- ne! Prophé-tis cómpar,   Apósto-lis

consér- te,   Praé- su-lum gémma,   fí- de et mé-ri-tis

egré-gi- e,   pi- e-táte, mi-se-ri-córdi- a   et ca-ri-tá-te

in-effá-bi- lis,   succúrre nó-bis   nunc et ante Dé- um.

179. — Martine par Apostolis.

8.

Artíne, par Apó- sto- lis, Féstum co-léntes tu fó-

ve : Qui ví-ve-re discí-pu-lis Vis, aut mó-ri, nos réspi-

ce. 2. Fac nunc quod ó- lim gés- se-ras, Tu praésu-les cla-

rí- fi- ca, Auge dé-cus Ecclé- si-ae, Fráudes re-lí-de

sá-tanae. 3. Qui ter chá- os e-ví- ce- ras, Mérsos re-á-tu

súsci-ta : Di-ví-se-ras ut chlámydem, Nos ín-du- e jus-

tí- ti- am. 4. Sit Tri-ni-tá-ti gló - ri- a, Martínus ut confés-

sus est : Cújus fí-dem per ópe-ra In nos et ípse

róbo-ret. Amen.

180. — O beatum virum.

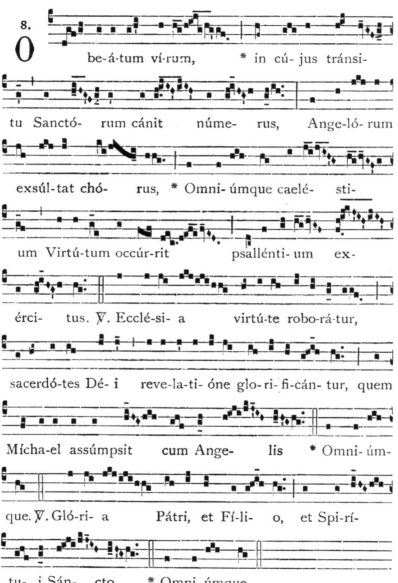

O be-á-tum ví-rum,   * in cú- jus tránsi-
tu Sanctó- rum cánit núme- rus,   Ange-ló- rum
exsúl-tat chó- rus,   * Omni- úmque caelé- sti-
um Virtú-tum occúr-rit psallénti- um   ex-
érci- tus. ℣. Ecclé-si- a   virtú-te robo-rá-tur,
sacerdó-tes Dé- i   reve-la-ti- óne glo-ri- fi-cán- tur, quem
Mícha-el assúmpsit   cum Ange- lis   * Omni- úmque. ℣. Gló-ri- a   Pátri, et Fí-li- o, et Spi-rí-
tu- i Sán- cto.   * Omni- úmque.

℣. Ora pro nóbis beáte Martíne.
℟. Ut dígni efficiámur promíssionibus Christi.

Oratio.

DEus, qui cónspicis quia ex nulla nostra virtúte subsístimus : † concéde propítius; ut intercessióne beáti Martíni Confessóris tui atque Pontíficis, * contra ómnia advérsa muniámur. Per Christum.

PRO APOSTOLIS ET EVANGELISTIS.

181. — Salve turba duodena.

1. SAlve túrba du-odéna Chrísti frátrum, Dé- o plé- na, Fundátrix Ecclé-si- ae. 2. Sálve sácer o sená-tus, Cú-jus ómnis múndi státus Súbdi-tur sen-ténti-ae. 3. Non jam sérvi, sed amí-ci : Quae non débent sérvis dí-ci, Chrísti nóstis ábdi-ta. 4. Vos e-légit ut i-ré-tis, Et cum frúctu re-di-ré-tis, Páce múndo trá-di-ta. 5. Seminástis cum do-ló-re : Frúges ámplas cum ma-jó-re Messu-ístis gáudi- o.

226* In honorem Sanctorum.

6. Fí-di Chrísto permansístis : Ejus cáusa pertu-lístis Esse

cúnctis ódi- o. 7. Múndi ví-les et despécti. Jam sedé-tis

prae-e-lécti Na-ti-ónum júdi-ces. 8. Ergo súrsum aggre-

gá-ti, Et honó-re co-roná-ti, Nos audí-te súppli-ces,

9. Grándis ví-a nóbis réstat, Dí-rus hóstis nos inféstat, Grá-

ve mánet praéli-um. 10. Per vos récte gradi-ámur, Ut

victó-res assequámur Júge caéli praémi-um. Amen.

182. — O gloriosi Apostoli.

Ant.
2.

glo-ri-ó-si Aposto-li, * co-lúmnae Ecclé-

si-ae, ve-ri-tá-tis praecó-nes, lámpa-des ful-géntes, vos

ígne Spí-ri-tus Sáncti, fugá-tis, errórum ténebris, mún-

dum illumi- nástis : in- tercédi-te pro nó- bis   ad

Dé- um qui vos e- lé-git.

S. JOANNAE DE ARC. *(Pro Gallia)*

183. — In hymnis.

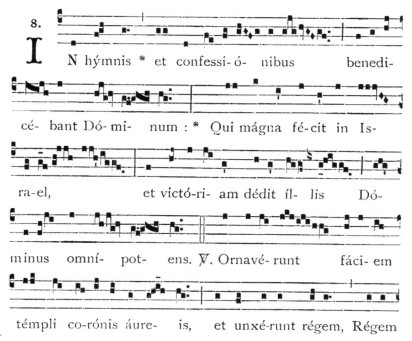

8.

IN hýmnis * et confessi- ó- nibus   benedi-

cé- bant Dó- mi- num : * Qui mágna fé-cit in Is-

ra-el,   et victó-ri- am dédit íl- lis   Dó-

minus omní- pot- ens. ℣. Ornavé- runt   fáci- em

témpli co-rónis áure- is,   et unxé-runt régem, Régem

régum be- ne- dicén- tes.   * Qui mágna.   Gló-

ri- a   Pátri, et Fí- li- o,   et Spi- rí- tu- i

Sán- cto.   Qui mágna.

184. — Hostium victrix.

3.

ħ Osti- um víctrix prope-ránte cúrsu, Cá-ro*lum* ad

sánctam comi-tá-ris aédem, Ut tri- umphántem sácra rí-te

sígnet Uncti- o régem. 2. Gáudi- o fúndens lácrimas, Jo- án-

na, Prínci-pi pláudis : Dómino repéndis Débi-tas grá-tes,

re-tinésque déxtra Nó-bi-le sígnum. 3. Erigens lónga

pópu-lum ru- í- na, Mí-ra fe- císti, generósa vírgo : Júre

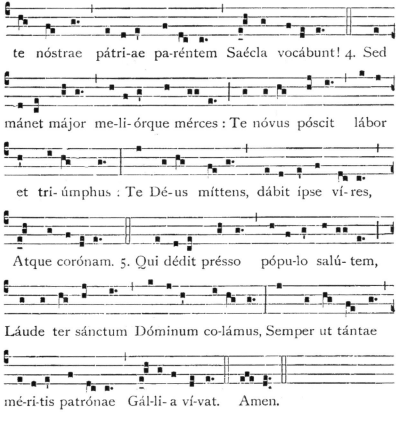

te nóstrae pátri-ae pa-réntem Saécla vocábunt! 4. Sed

mánet májor me-li-órque mérces : Te nóvus póscit lábor

et tri-úmphus : Te Dé-us míttens, dábit ípse ví-res,

Atque corónam. 5. Qui dédit présso pópu-lo salú-tem,

Láude ter sánctum Dóminum co-lámus, Semper ut tántae

mé-ri-tis patrónae Gál-li-a ví-vat. Amen.

℣. Ora pro nóbis beáta Joánna.

℟. Ut dígni efficiámur promissiónibus Christi.

Oratio.

DEus, qui beátam Joánnam Vírginem ad fidem ac pátriam tuéndam mirabíliter suscitásti : † da, quaésumus, éjus intercessióne; * ut Ecclésia tua, hóstium superátis insídiis, perpétua pace fruátur. Per Christum Dóminum nostrum.

V. PRO PAPA, EPISCOPO ET PACE.

PRO PAPA.

185. — Tu es Petrus.

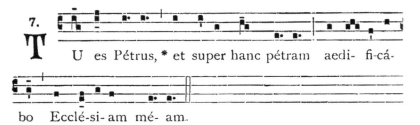

U es Pétrus, * et super hanc pétram aedi- fi-cá-bo Ecclé-si- am mé- am.

186. — Tu es pastor ovium.

U es pástor óvi- um, * Prínceps Aposto- ló-rum tíbi trádi-tae sunt clá-ves régni caeló-rum.

187. — Oremus pro Pontifice.

Cantus I.

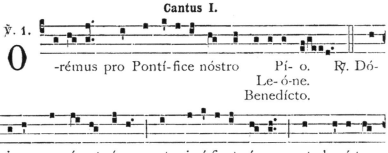

O -rémus pro Pontí-fice nóstro Pí- o. ℟. Dó-
Le- ó-ne.
Benedícto.

minus consérvet é-um, et vi-ví-ficet é-um, et be-á-tum

fá-ci-at é-um in térra, et non trádat é-um in ánimam inimi-có-rum éjus. **Cantus II, III, IV,** *p. 283*.*

℣. Fíat mánus túa super vírum déxterae túae.
℟. Et super fílium hóminis quem confirmásti tíbi.

Oratio.

Deus, ómnium fidélium pastor et rector, fámulum tuum *N.* quem pastórem Ecclésiae tuae praeésse voluísti, propítius réspice : † da ei, quaésumus, verbo et exémplo, quibus praeest profícere ; * ut ad vitam, una cum grege sibi crédito, pervéniat sempitérnam. Per Christum.

PRO EPISCOPO.

188. — Oremus pro Antistite.

℣. O-rémus pro Antí-sti-te nóstro Ludoví-co. [1]

℟. Stet et páscat in forti-tú-dine tú-a Dómi-ne, in sublimi-tá-te nómi-nis tú-i.

℣. Sálvum fac sérvum túum.
℟. Déus méus sperántem in te.

Oratio.

Deus, ómnium fidélium pastor et rector, fámulum tuum *N.*, quem pastórem Ecclésiae *N.* praeésse voluísti propítius réspice : † da ei, quaésumus verbo et exémplo, quibus praeest, profícere ; * ut ad vitam una cum grege sibi crédito pervéniat sempitérnam. Per Christum.

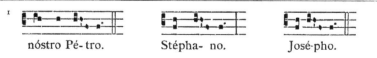

nóstro Pé-tro.   Stépha-no.   José-pho.

PRO PACE.

189. — Da pacem.

DA pácem Dómine * in di- ébus nóstris : qui- a non est á-li- us qui púgnet pro nóbis, ni-si tu Dé-us nóster

190. — Pacem tuam.

PAcem tú-am * da nóbis Dó-mine, et pax tú- a, Chrí- ste, máne- at in viscé-ri-bus nóstris : ut non ti-me- ámus a timóre noctúrno; sed semper vi-gi-lémus cúnctis in opé-ribus mandató- rum tu- ó-rum.

191. — Tua est potentia.

TU-a est poténti- a, * tú-um régnum Dómine, tu

es super ómnes géntes : da pácem Dómi-ne in di-é-

bus nóstris.

192. — Deus omnium.

E-us ómni- um, * qui fé-cit no-bíscum se-cúndum

sú- am mi-se-ri-córdi- am, det nóbis júcundi-tá-tem cór-

dis, et fí- e-ri pácem in di- é-bus nóstris.

℣. Fíat pax in virtúte túa.
℟. Et abundántia in túrribus túis.

Oratio.

DEus, a quo sancta desidéria, recta consília, et justa sunt ópera : † da servis tuis illam, quam mundus dare non potest, pacem ; * ut et corda nostra mandátis tuis dédita, et hóstium subláta formídine, témpora sint tua protectíóne tranquílla. Per Christum Dóminum nostrum. ℟. Amen.

VI. PRO GRATIARUM ACTIONE.

---

193. — Te Deum laudamus. I.

Tonus solemnis.

3.

TE Dé-um laudámus : * te Dóminum confi-té-mur

Te aetérnum Pátrem ómnis térra vene-rá- tur. Tí-bi ó-

mnes Ange- li, tíbi Caéli et univérsae Potestá- tes : Tíbi

Ché-rubim et Sé-raphim incessá-bi-li vóce proclá-mant :

Sánctus : Sánctus : Sánctus Dóminus Dé- us Sába- oth.

Pléni sunt caéli et térra ma-jestá-tis gló-ri-ae tú- ae.

Te glo-ri- ósus Aposto-lórum chó- rus : Te Prophe-tárum

laudábi-lis núme-rus : Te Mártyrum candi-dátus láudat

exérci-tus. Te per órbem terrá-rum sáncta confi-té-tur

Ecclé-si- a : Pátrem imménsae ma-jestá- tis : Vene-rán-

dum tú-um vé-rum, et úni-cum Fí-lí- um : Sánctum quó-

que Pa-rácli-tum Spí-ri-tum. Tu Rex gló-ri-ae, Chrí-ste.

Tu Pátris sempi-térnus es Fí-li- us. Tu ad libe-rándum su-

sceptúrus hómi- nem, non horru-ísti Vírgi-nis ú-te-rum. Tu

devícto mórtis acú- le- o, ape-ru-ísti credénti-bus régna

caeló-rum. Tu ad déxte-ram Dé- i sé-des, in gló-ri- a

Hic genuflectitur.

Pátris Júdex créde-ris és-se ventú-rus. Te érgo quaésu-

mus tú-is fámu-lis súbve- ní, quos pre-ti- óso sánguine

redemí-sti.   Ætérna fac   cum sánctis tú-is in gló-ri- a

nume-rá- ri.   Sálvum fac pópu-lum tú-um Dómine,   et

bénedic he-re-di-tá-ti tú- ae. Et ré-ge é-os,   et extól-le

íllos   usque   in aetér-num. Per síngu-los dí- es, bene-dí-

cimus te.   Et laudámus nómen tú-um in saécu- lum, et

in saécu-lum saécu-li.   Digná-re Dómine dí- e   ís-to

síne peccá-to nos custodí- re. Mi-se-ré-re nostri Dómi-

ne,   mi-se-ré-re nóstri.   Fí- at mi-se-ricórdi- a tú-a Dómi-

ne, super nos, quemádmodum spe-rá-vimus in te.   In te

Dómine spe-rá- vi :   non confúndar in aetér- num.

194. — Te Deum laudamus. II.

Tonus simplex.

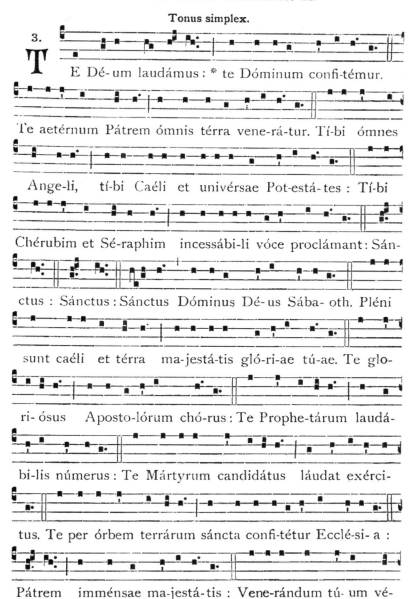

3.

E Dé-um laudámus : * te Dóminum confi-témur.

Te aetérnum Pátrem ómnis térra vene-rá-tur. Tí-bi ómnes

Ange-li, tí-bi Caéli et univérsae Pot-está-tes : Tí-bi

Chérubim et Sé-raphim incessábi-li vóce proclámant : Sán-

ctus : Sánctus : Sánctus Dóminus Dé-us Sába-oth. Pléni

sunt caéli et térra ma-jestá-tis gló-ri-ae tú-ae. Te glo-

ri-ósus Aposto-lórum chó-rus : Te Prophe-tárum laudá-

bi-lis númerus : Te Mártyrum candidátus láudat exérci-

tus. Te per órbem terrárum sáncta confi-tétur Ecclé-si-a :

Pátrem imménsae ma-jestá-tis : Vene-rándum tú-um vé-

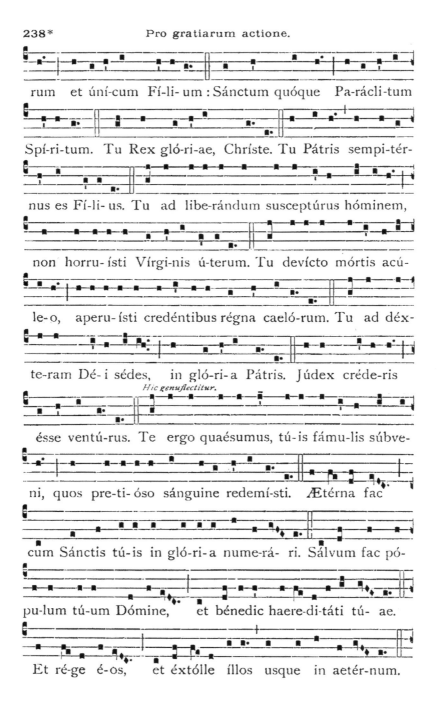

rum   et úni-cum Fí-li- um : Sánctum quóque Pa-rácli-tum

Spí-ri-tum. Tu Rex gló-ri-ae, Chríste. Tu Pátris sempi-tér-

nus es Fí-li- us. Tu ad libe-rándum susceptúrus hóminem,

non horru- ísti Vírgi-nis ú-terum. Tu devícto mórtis acú-

le- o,   aperu- ísti credéntibus régna caeló-rum. Tu ad déx-

te-ram Dé- i sédes,   in gló-ri- a Pátris. Júdex créde-ris

Hic genuflectitur.

ésse ventú-rus. Te ergo quaésumus, tú- is fámu-lis súbve-

ni, quos pre-ti- óso sánguine redemí-sti. Ætérna fac

cum Sánctis tú-is in gló-ri- a nume-rá- ri. Sálvum fac pó-

pu-lum tú-um Dómine,   et bénedic haere-di-táti tú- ae.

Et ré-ge é-os,   et éxtólle íllos usque in aetér-num.

Per síngu-los dí- es, benedí-cimus te. Et laudámus nómen

tú- um in saécu-lum, et in saécu-lum saécu-li. Dígná-re

Dómine dí- e ísto, sine peccá-to nos custodí- re. Mi-se-

ré-re nóstri Dómine, mi-se-ré-re nóstri. Fí- at mi-se-ricór-

di- a tú-a Dómine super nos, quemádmodum spe-rávimus

in te. In te Dómine spe-rá- vi : non confúndar in

aetér- num.

195. — Te Deum Patrem.

E Dé- um * Pátrem ingé- ni- tum, te Fí- li- um

uni-gé- ni-tum, te Spí-ri-tum Sánctum Pará- cli-tum, sán-

ctam et indi-ví-du- am Tri-ni-tá-tem, tóto cór-de et óre

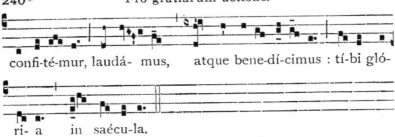

confi-té-mur, laudá- mus,   atque bene-dí-cimus : tí-bi gló-

ri- a   in   saécu-la.

℣. Benedicámus Pátrem et Fílium cum Sáncto Spíritu. [1]
℟. Laudémus et superexaltémus éum in saécula.
℣. Benedíctus es Dómine, in firmaménto caéli.
℟. Et laudábilis, et gloriósus, et superexaltátus in saécula.
℣. Dómine exáudi oratiónem méam.
℟. Et clámor méus ad te véniat.
℣. Dóminus vobíscum. ℟. Et cum spíritu túo.

Oratio.

Deus, cujus misericórdiae non est númerus, et bonitátis infinítus est thesáurus : † piíssimae majestáti tuae pro collátis donis grátias ágimus, tuam semper clémentiam exorántes ; * ut qui peténtibus postuláta concédis, eósdem non déserens, ad praémia futúra dispónas. Per Christum Dóminum nostrum.

---

[1] *His* ℣℣. *et* ℟℟. *Tempore Paschali non additur* Allelúia.

VII. ANTE BENEDICTIONEM.

196. — Tantum ergo. I.

Tantum ergo Sacraméntum Venerémur cérnu-i:
Et antíquum documéntum Nóvo cédat rí-tu-i : Praéstet fídes suppleméntum Sénsu-um de-féctu-i.

2. Geni-tó-ri, Geni-tóque Laus et jubi-lá-ti-o, Sá-lus, hónor, vírtus quóque Sit et benedícti-o : Procedénti ab
utróque Cómpar sit laudá-ti-o. Amen.

℣. Pánem de caélo praestitísti éis. (Allelúia). [1]
℟. Omne delectaméntum in se habéntem. (Allelúia).

Oratio.

DEus, qui nobis sub sacraménto mirábili passiónis tuae memóriam reliquísti : † tríbue quaésumus, ita nos córporis et sánguinis tui sacra mystéria venerári ; * ut redemptiónis tuae fructum in nobis júgiter sentiámus. Qui vivis et regnas in saécula saeculórum. ℟. Amen.

---

[1] *Alleluia* dicitur tantum Tempore Paschali et infra Octavam Corporis Christi.

197. — Tantum ergo. II.

1. Antum ergo Sacraméntum Ve-nerémur cérnu- i :

Et antíquum documéntum Nóvo cédat rí-tu- i :   Praé-

stet fídes suppleméntum Sénsu-um de-féctu- i.

2. Geni-tó-ri, Geni-tóque   Laus et jubi-lá-ti- o :   Sá-lus,

hónor vírtus quoque   Sit et benedícti- o :   Procedénti

ab utróque   Cómpar sit laudá-ti- o.   Amen.

198. — Tantum ergo. III.

5. Antum ergo Sacraméntum Vene-rémur cérnu-i :

Et antíquum documéntum Nóvo cédat rí-tu-i : Praéstet

fídes suppleméntum Sénsu-um de-féctu- i.

2. Geni-tóri, Geni-tóque   Laus et ju-bi-lá-ti- o : Sá-lus, hó-

nor, vírtus quoque   Sit et benedí-cti- o : Procedénti   ab

utróque   Cómpar sit laudá-ti- o.   Amen.

199. — Tantum ergo. IV.

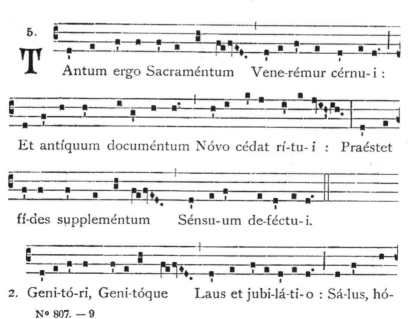

5.

Antum ergo Sacraméntum   Vene-rémur cérnu- i :

Et antíquum documéntum Nóvo cédat rí-tu- i :   Praéstet

fí-des suppleméntum   Sénsu-um de-féctu-i.

2. Geni-tó-ri, Geni-tóque   Laus et jubi-lá-ti- o : Sá-lus, hó-

nor vírtus quoque   Sit et benedícti- o :   Procedénti ab

utróque   Cómpar sit laudá-ti- o.   A-men

200. — Tantum ergo. V.

Antum ergo Sacraméntum Vene-rémur cérnu- i :

Et antíquum do-cu-méntum Nóvo cé-dat rí-tu- i : Praéstet

fídes suppleméntum Sénsu-um de- féctu- i.

2. Geni-tó-ri, Geni-tóque Laus et jubi- lá-ti- o,   Sá-lus, hó-

nor, vírtus quoque   Sit et benedícti- o : Procedénti ab

utróque   Cómpar sit laudá-ti- o.   Amen.

201. — Tantum ergo. VI.

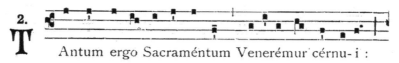

Antum ergo Sacraméntum Venerémur cérnu- i :

Et antíquum documén-tum Nóvo cédat rí-tu-i : Praéstet

fídes suppleméntum Sénsu- um de-féctu- i.

2. Geni-tó-ri, Geni-tóque Laus et jubi- lá-ti- o, Sá-lus, hó-

nor, vírtus quo-que Sit et benedícti- o : Procedénti ab

utróque Cómpar sit laudá-ti- o. Amen.

202. — Tantum ergo. VII.

1.

T Antum ergo Sacraméntum Vene-rémur cérnu- i :

Et antíquum documéntum Nóvo cédat rí-tu-i : Praéstet

fídes suppleméntum Sénsu-um de-féctu- i.

2. Geni-tó-ri, Geni-tóque Laus et jubi-lá-ti- o, Sá-lus, hónor

vírtus quoque   Sit et bene-dícti- o : Procedénti   ab utró-

que Cómpar sit laudá-ti- o.   Amen.

203. — Tantum ergo. VIII.

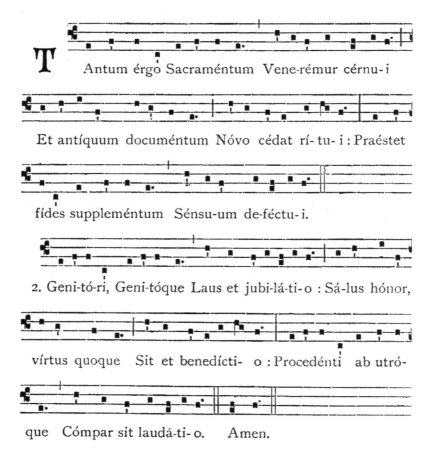

T Antum érgo Sacraméntum Vene-rémur cérnu-i

Et antíquum documéntum Nóvo cédat rí- tu- i : Praéstet

fídes suppleméntum Sénsu-um de-féctu- i.

2. Geni-tó-ri, Geni-tóque Laus et jubi-lá-ti-o : Sá-lus hónor,

vírtus quoque   Sit et benedícti- o : Procedénti   ab utró-

que Cómpar sit laudá-ti- o.   Amen.

204. — Tantum ergo. IX.

4.

Antum ergo Sacraméntum Vene-rémur cérnu-i

Et antíquum documén-tum Nóvo cédat rí- tu- i : Praéstet

fí-des suppleméntum Sénsu-um dé-féctu-i.

2. Geni- tó-ri, Geni-tóque Laus et jubi-lá-ti- o, Sá-lus hónor

vírtus quo-que Sit et bene-dícti- o : Proce-dénti   ab utró-

que Cómpar sit laudá-ti- o.   Amen.

205. — Tantum ergo. X.

4.

Antum ergo Sacra- méntum Ve- ne- rémur cér-

nu- i : Et antíquum documén-tum Nó- vo cédat rí-tu- i :

Praéstet fídes supple- méntum Sén-su- um de-féctu- i.

2. Geni- tó-ri, Ge-ni- tóque Laus et jubi- lá-ti- o, Sá-lus,

hónor, vírtus quo-que Sit et benedíc-ti- o : Pro-cedénti

ab u- tróque Cómpar sit laudá-ti- o. Amen.

206. — Tantum ergo. XI.

4.

TAntum ergo Sacraméntum Venerémur cérnu- i :

Et antíquum documéntum Nóvo cédat rí-tu-i : Praéstet

fídes suppleméntum Sénsu-um de-féctu- i.

2. Geni-tó-ri, Geni-tóque Laus et jubi- láti- o, Sá-lus, hónor.

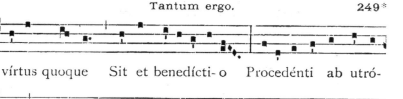

vírtus quoque   Sit et benedícti- o   Procedénti   ab utró-

que   Cómpar sit laudáti- o.   Amen.

207. — Tantum ergo. XII.

Antum ergo Sacraméntum   Ve- nerémur cér-

nu- i : Et antíquum do- cuméntum Nóvo cédat rí-tu- i :

Praéstet fídes suppleméntum Sénsu- um deféctu- i.

2. Geni-tó-ri, Geni-tóque Laus et jubi- lá- ti- o, Sá-lus,

hó-nor, vír- tus quoque Sit et benedícti- o : Procedénti   ab

utróque Cómpar sit laudáti- o.   Amen.

208. — Tantum ergo. XIII.

T Antum ergo Sacraméntum Venerémur cérnu- i :

Et antíquum documéntum Nóvo cédat rí-tu- i : Praéstet

fídes suppleméntum Sénsu- um de-féc-tu-i.

2. Geni-tó-ri, Geni-tóque Laus et jubi- lá-ti- o, Sá-lus hó-

nor, vírtus quoque   Sit et benedícti- o : Procedénti ab

utróque   Cómpar sit laudá- ti- o.   Amen.

209. — Tantum ergo. XIV.

8.

T Antum ergo Sacraméntum   Vene-rémur   cér-

nu-i : Et antíquum do-cuméntum Nóvo cédat   rí-tu- i :

Praéstet fídes suppleméntum Sénsu- um déféctu- i.

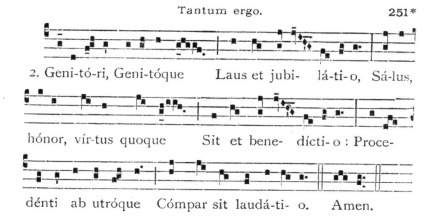

2. Geni-tó-ri, Geni-tóque Laus et jubi- lá-ti-o, Sá-lus,

hónor, vír-tus quoque Sit et bene- dícti-o : Proce-

dénti ab utróque Cómpar sit laudá-ti- o. Amen.

210. — Tantum ergo. XV.

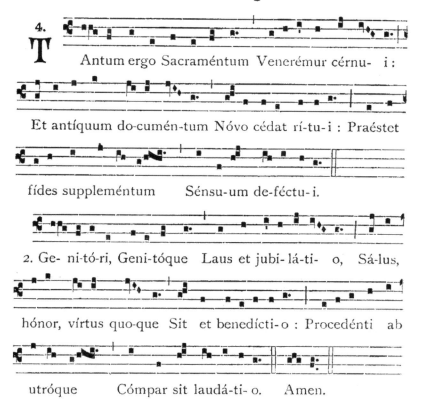

Antum ergo Sacraméntum Venerémur cérnu- i :

Et antíquum do-cumén-tum Nóvo cédat rí-tu-i : Praéstet

fídes suppleméntum Sénsu-um de-féctu-i.

2. Ge- ni-tó-ri, Geni-tóque Laus et jubi- lá-ti- o, Sá-lus,

hónor, vírtus quo-que Sit et benedícti-o : Procedénti ab

utróque Cómpar sit laudá-ti- o. Amen.

VIII. POST BENEDICTIONEM.

211. — Cor Jesu sacratissimum. I.

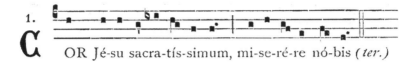

COR Jésu sacra-tís-simum, mi-se-ré-re nó-bis *(ter.)*

212. — Cor Jesu sacratissimum. II.

COR Jé-su sacra-tíssi-mum, mi-se-ré-re nó-bis *(ter.)*

213. — Adoremus in aeternum. I.

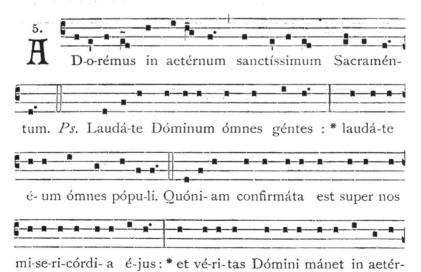

ADo-rémus in aetérnum sanctíssimum Sacramén-

tum. *Ps.* Laudá-te Dóminum ómnes géntes : * laudá-te

é-um ómnes pópu-li. Quóni-am confirmáta est super nos

mi-se-ri-córdi-a é-jus : * et vé-ri-tas Dómini mánet in aetér-

num. Adorémus. Gló-ri- a Pátri, et Fí-li- o,* et Spi-rí-tu- i

Sáncto. Sicut érat in princí-pi- o, et nunc, et semper : * et

in saécu-la saecu-lórum. Amen. Adorémus.

214. — Adoremus in aeternum. II.

D-o-rémus in aetér-num sanctíssimum Sacramén-

tum. Ado-rémus. Laudáte Dóminum, ómnes gén-tes : *

laudáte é-um, ómnes pó-pu-li. Ado-rémus. Quóni- am

confirmá-ta est super nos mi-se-ri-córdi- a é- jus : * et

vé-ri-tas Dómini mánet in aetérnum. Adorémus. Gló-

ri- a Pátri, gló-ri- a Fí- li- o,*gló-ri- a Spi-rí-tu- i Sáncto.

Adorémus. Sicut érat in princípi- o, et nunc, et sem-

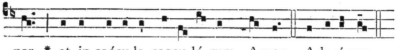

per, * et in saécu-la saecu-ló-rum. Amen.   Adorémus.

215. — Ps. 116. Laudate Dominum. I.

3.

L Audá-te Dóminum, ómnes géntes : * laudá-te é-um,

ómnes pópu-li.   Quóni-am...

Quóniam confirmáta est super nos misericórdia éjus : * et véritas Dómini mánet in aetérnum.

Glória Pátri, et Fílio, * et Spirítui Sáncto.

Sicut érat in princípio, et núnc, et sémper, * et in saécula saeculórum. Amen.

216. — Ps. 116. Laudate Dominum. II.

6.

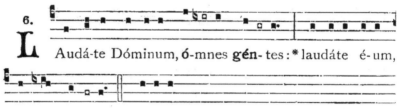

L Audá-te Dóminum, ó-mnes gén- tes :* laudáte é-um,

ómnes pópu-li.   Quóni-am...

Quóniam confirmáta est super nos misericórdia éjus : * et véritas Dómini mánet *in ae*térnum.

Glória Pátri, et Fílio, * et Spir*ítui* Sáncto.

Sicut érat in princípio, et núnc, et sémper, * et in saécula saecu*lórum.* Amen.

217. — Ps. 116. Laudate Dominum. III.

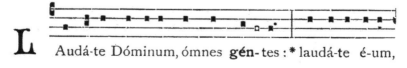

L Audá-te Dóminum, ómnes gén-tes : * laudá-te é-um,

ómnes pó-pu-li. Quóni-am...

Quóniam confirmáta est super nos misericórdia **éjus** : * et véritas Dómini mánet *in aetérnum.*

Glória Pátri, et Fílio, * et Spirí*tui* Sáncto.

Sicut érat in princípio, et nunc, et **sém**per, * et in saécula saecu-*lórum.* Amen.

218. — Ps. 116. Laudate Dominum. IV.

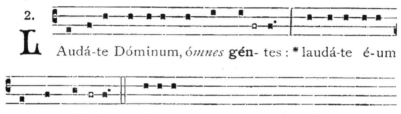

2.

L Audá-te Dóminum, *ómnes* **gén-** tes : * laudá-te é-um

ómnes **pó**pu-li. Quóni-am...

Quóniam confirmáta est super nos misericórdia **éjus** : * et véritas Dómini mánet *in ae*tér**num.**

Glória Pátri, *et* Fílio, * et Spirí*tui* **Sán**cto.

Sicut érat in princípio, et nunc, *et* **sém**per, * et in saécula saecu-*lórum.* Amen.

219. — Laudemus Dominum.

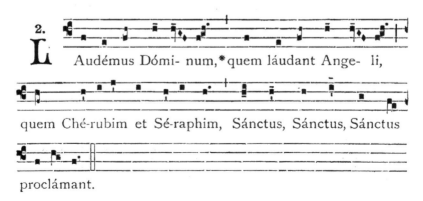

2.

L Audémus Dómi- num, * quem láudant Ange- li,

quem Ché-rubim et Sé-raphim, Sánctus, Sánctus, Sánctus

proclámant.

220. — Benedicam Dominum.

Enedí-cam Dóminum * In ómni témpore. Bene-

dí-cam. ℣. Semper laus é-jus   in óre mé-o.   * In. ℣. Gló-

ri- a Pátri, et Fí- li- o,   et Spi-rí-tu- i Sáncto.   Benedícam.

221. — Benedicta sit.

Enedí-cta sit * sáncta Tríni·tas,   atque indi-ví-

sa   Uni-tas : confi-tébimur é-i, qui-a fé-cit nobíscum

mi-se-ricórdi- am sú- am. ℣. Benedicámus Pátrem et Fí-

li- um, * cum Sáncto Spí-ri-tu. *Ps.* Quam di- lécta tabérná-

cu-la tú-a, Dómi-ne virtú-tum! * concupíscit, et dé-fi-cit

ánima mé-a   in átri- a Dómi-ni.   Benedí-cta sit.

222. — Te decet laus. I.

E décet laus, * te décet hýmnus, tíbi gló-ri- a

Dé-o Pátri et Fí-li- o, cum Sáncto Spí-ri-tu, in saécu-

la saecu-ló- rum. A- men.

223. — Te decet laus. II.

E dé-cet laus, * te dé-cet hýmnus, tí-bi gló-ri- a

Dé-o Pátri et Fí-li- o, cum Sáncto Spí-ri-tu, in saécu-

la saecu-ló- rum. A- men.

224. — Te laudamus.

E laudámus, * Dómine omnípot-ens, qui sédes

super Ché-rubim et Sé-raphim, quem benedícunt Ange-li,

Archánge-li,   et láudant Prophétae et Apósto-li.

2. Te laudámus, Dómine, o-rándo,   qui vení-sti pec-

cá- ta solvéndo : Te depre-cámur mágnum Redemptó-

rem,   quem Pá-ter mí-sit óvi-um pastó-rem. 3. Tu es

Christus Dóminus Salvá-tor,   qui de Ma-rí- a Vírgine

es ná-tus

225. — Cantate Domino.

7.

Antáte Dómino * cánti-cum nó- vum : laus é- jus

ab extrémis térræ.

Psalmus 150.

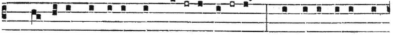

1. Laudáte Dóminum in sánctis é- jus :* laudáte é-um in

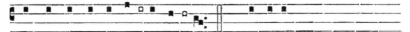

firmaménto virtú- tis é- jus. 2. Laudáte...

2. Laudáte éum in virtútibus éjus : * laudáte éum secúndum multi-
túdinem magnitúdinis éjus.
Repetitur Ant. Cantáte Dómino.
3. Laudáte éum in sóno túbae : * laudáte éum in psaltério et eíthara.
4. Laudáte éum in týmpano et chóro : * laudáte éum in chórdis
et órgano.
5. Laudáte éum in cýmbalis benesonántibus, † laudáte éum in cýmbalis jubilatiónis : * ómnis spíritus láudet Dóminum.
Repetitur Ant. Cantáte Dómino.
6. Glória Pátri, et Filio, * et Spiritui Sáncto.
7. Sicut érat in princípio, et núne, et sémper, * et in saécula saecu-
lórum. Amen.
Repetitur Ant. Cantáte Dómino.

226. — Venite, adoremus.

8.

Ení-te, * adorémus é- um : qui- a ípse est Dómi-

nus Dé- us nóster.

Psalmus 94.

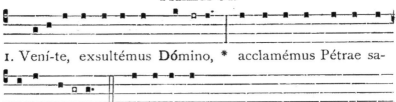

1. Vení-te, exsultémus Dómino, * acclamémus Pétrae sa-

lú-tis nóstrae : 2. Accedámus...

2. Accedámus in conspéctum éjus cum láudibus, * cum cánticis
exsul*témus* éi.
Ant. Veníte, adorémus.
3. Nam Déus mágnus est Dóminus, * et Rex mágnus super *ómnes*
déos :
4. In mánu éjus sunt profúnda térrae, * et altitúdines móntium
*ip*sius sunt.
Ant. Veníte, adorémus.

5. Ipsíus est máre : nam ípse fécit íllud, * et térra sícca, quam formavérunt *mánus* éjus :
6. Nam ipse est Déus nóster; * nos autem pópulus páscuae éjus et óves *mánus* éjus.

Ant. Venite, adorémus.

7. Glória Pátri, et Fílio, * et Spirítui Sáncto.
8. Sicut érat in princípio, et nunc, et sémper, * et in saécula saeculórum. Amen.

Ant. Veníte, adorémus.

227. — Misericordias Domini.

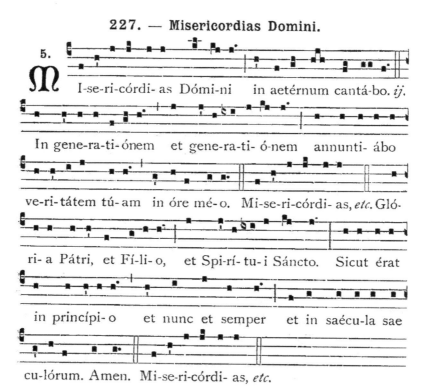

I-se-ri-córdi- as Dómi-ni   in aetérnum cantá-bo. *ij.*

In gene-ra-ti-ónem   et gene-ra-ti- ó-nem   annunti- ábo

ve-ri-tátem tú- am   in óre mé- o.   Mi-se-ri-córdi- as, *etc.* Gló-

ri- a Pátri, et Fí-li- o,   et Spi-rí- tu- i Sáncto.   Sicut érat

in princípi- o   et nunc et semper   et in saécu-la sae

cu-lórum. Amen. Mi-se-ri-córdi- as, *etc.*

228. — Alleluia, psallite.

(Praeter Septuagesimam).

Lle-lú- ia, psálli-te Dé- o nóstro, psálli-te, alle-

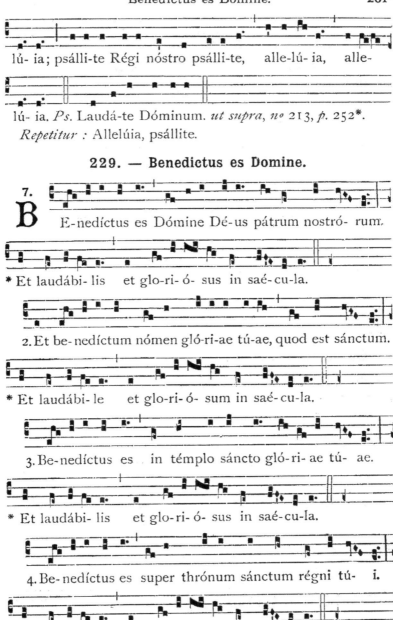

lú- ia; psálli-te Régi nóstro psálli-te, alle-lú- ia, alle-

lú- ia. *Ps.* Laudá-te Dóminum. *ut supra, nº* 213, *p.* 252*.
Repetitur : Allelúia, psállite.

229. — Benedictus es Domine.

7.
B E-nedíctus es Dómine Dé-us pátrum nostró- rum.

* Et laudábi- lis et glo-ri- ó- sus in saé-cu-la.

2. Et be- nedíctum nómen gló-ri-ae tú-ae, quod est sánctum.

* Et laudábi- le et glo-ri- ó- sum in saé-cu-la.

3. Be-nedíctus es in témplo sáncto gló-ri- ae tú- ae.

* Et laudábi- lis et glo-ri- ó- sus in saé-cu-la.

4. Be- nedíctus es super thrónum sánctum régni tú- i.

* Et laudábi- lis et glo-ri- ó- sus in saé-cu-la.

5. Be- nedíctus es   super scéptrum di-vi-ni-tá-tis tú- ae.

* Et laudábi- lis   et glo- ri- ó- sus in saé- cu-la.

6. Be- nedíctus es qui sédes super Ché-rubim, íntu- ens

abýs-sos. * Et laudábi- lis   et glo-ri- ó- sus in saé-cu-la.

7. Be- nedíctus es qui   ámbu-las super pénnas ventó-rum,

et super úndas má- ris. * Et laudábi- lis   et glo-ri- ó- sus

in saé-cu-la.

8. Be-nedí-cant te   ómnes Ange-li   et Sáncti tú- i.

* Et láudent te,   et glo-rí- fi- cent in saé- cu-la.

9. Be-nedí-cant te   caé-li, térra, máre,   et ómni- a quae

in é- is sunt. * Et láudent te, et glo-rí-fi- cent in

saé-cu-la.

10. Gló- ri- a Pátri, et Fí-li- o, et Spi-rí-tu- i Sáncto.

* Et laudábi- li et glo-ri- ó- so in saé-cu-la.

11. Sic- ut é-rat in princí-pi- o, et nunc, et semper, et

in saécu-la saecu-ló- rum. A-men. * Et laudábi- li et

glo-ri- ó- so in saé- cu-la.

12. Be-nedíctus es, Dómi-ne Dé- us pátrum nostró- rum.

* Et laudábi- lis et glo-ri- ó- sus in saé- cu-la.

230. — Christus vincit.

Cantores.

Hrístus víncit, Chrístus régnat, Chrístus ímperat.

Chorus.

Chrístus víncit, *etc.*

I. *Cantores.*   *Chorus.*

Xáudi, Chríste.   Exáudi, Chríste.

Cantores.

Cclé-si-ae sánctae Dé- i, supra regnórum fínes ne-

cténti ánimas : sá-lus perpé-tu-a!

Cantores.   *Chorus.*

Redémptor múndi.   Tu íllam ádjuva.

Cantores.   *Chorus.*

Sáncta Ma- rí- a.   Tu íllam ádjuva.
Sáncte Jó-seph.   Tu íllam ádjuva.

II. *Cantores.*   *Chorus.*

Xáudi, Chríste.   Exáudi, Chríste.

Cantores.

P I-O Súmmo Pontí-fi-ci, in únum pópu-los doc-

trína congregánti, ca-ri-táte : Pastó-ri grá-ti- a, grégi obse-

quénti- a.

Cantores.   *Chorus.*

Salvá-tor múndi. Tu íllum ádjuva.

Cantores.   *Chorus.*

Sáncte Pétre. Tu íllum ádjuva.
Sáncte Pí- e, Tu íllum ádjuva.

III.   *Cantores.*   *Chorus.*

E Xáudi, Chríste. Exáudi, Chríste.

Cantores.

N ... (archi-)epíscopo et ómni clé-ro síbi com-

mísso pax et vírtus, plú-rima mérces.

Cantores.   *Chorus.*

Sáncte *N*.... Tu íllum ádjuva.
Sáncte *N*.... Tu íllum ádjuva.

Omnes.

C Hrístus víncit. Chrístus régnat. Chrístus ímpe-rat.

Cantores. *Chorus.* *Cantores.* *Chorus.*

R Ex régum. Rex nóster. Spes nóstra. Gló-ri- a

nóstra.

Cantores. *Chorus.*

IV. E Xáudi, Chríste. Exáudi, Chríste.

Cantores.

E P-íscopis et Abbá-tibus et omníbus sí-bi com-

míssis pax, sá-lus et vé-ra concórdi- a.

Cantores.

Sáncte Martí-ne. Tu íllos ádjuva.
Sáncte Augustí-ne. Tu íllos ádjuva.
Sáncte Be-ne-dícte. Tu íllos ádjuva.

(Pro Gallia.)

Cantores. *Chorus.*

V. E Xáudi, Chríste Exáudi, Chríste.

Cantores.

G Allórum nobi-líssimae génti, ad Dé- i gésta

cleménter e-léctae : per Chrístum Francórum Régem, incré-

mentum et pax.

Cantores.   *Chorus.*

Sán- cte Mícha-el.	Tu íllam ádjuva.
Sáncte Ludo- ví- ce.	Tu íllam ádjuva.
Sáncta Jo- ánna.	Tu íllam ádjuva.
Sáncta The- ré- si- a.	Tu íllam ádjuva.

Omnes.

C Hrístus víncit. Chrístus régnat. Chrístus ímpe-rat.

Cantores.   *Chorus.*   *Cantores.*

A Uxí- li- um nóstrum. Forti-túdo nóstra. Arma

Chorus.

nóstra invictíssima. Múrus nóster in- expugnábi-lis

Omnes.

Lux, ví- a et ví-ta nóstra.

VI.

Cantores.   *Chorus.*

E X-áudi, Chríste.   Exáudi, Chríste.

Cantores.

C Unctis christi- ánis princí-pibus et ómni exercí-

tu- i Christi- anórum : hónor illaésus, ví-ta et victó-ri- a.

Cantores.   *Chorus.*

Sáncte	Maurí- ti.	Tu	íllos ádjuva.
Sáncte	Sebasti- á-ne.	Tu	íllos ádjuva.
Sáncte	Ge- órgi.	Tu	íllos ádjuva.

Omnes.

C Hrístus víncit. Chrístus régnat. Chrístus ímpe-rat.

Cantores.

I -psi só-li impé-ri- um, laus et jubi- lá-ti- o, per

Chorus.

infi-ní-ta saécu-la saecu-ló-rum, Amen.

Cantores.   *Chorus.*

T Empo-ra bóna hábe- ant! Témpo-ra bóna hábe-ant

redémpti sánguine Chrísti!

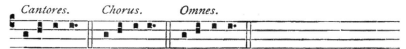

Fe-lí-ci-ter! Fe-lí-ci-ter! Fe-lí-ci-ter.

P AX Chrísti véni- at! Regnum Chrísti véni- at!

Dé-o grá-ti- as. A-men.

SUPPLEMENTUM.

IN HONOREM SS. SACRAMENTI.

231. — Christus apparuit.

4.

CHrí-stus appá- ru- it nó- bis : * Ve-ní-te, ad-

oré- mus.

Chorus repetit : Chrístus appáruit nóbis : * Veníte, adorémus.

V Ení-te, exsultémus Dómino, jubi-lémus Dé-o,

sa-lutá-ri nóstro : prae-occupémus fá-ci-em é-jus in confes-

si-óne, et in psálmis jubi- lémus é- i.

Chorus : Veníte, adorémus.

Gló-ri- a Pátri, et Fí-li- o, et Spi-rí-tu- i Sáncto.

Sicut érat in princípi-o, et nunc, et semper, et in

saécu-la saecu- lórum. A-men.

Chrí-stus appá- ru- it nó- bis : * Ve- ní-te, ad-o-

ré- mus.

232. — O sacrum convivium.

5.

O sá-crum conví- vi- um! * in quo Chrístus sú-

mi-tur : recó-li-tur memó-ri- a passi- ó- nis é- jus :

mens implé-tur grá-ti- a : et fu-tú-rae gló- ri- ae nó-bis

pígnus dá- tur, alle- lú- ia.

TEMPORE ADVENTUS.

233. — Regnantem sempiterna.

1.

R Egnántem sempi-térna 2. Per saécia susceptúra

3. Cónci- o, devóte cóncrepa : 4. Factó-ri reddéndo débi-ta :

5. Cui júbi-lant ágmina caéli-ca, é-jus vúltu exhi-lará-ta :

6.Quem exspéctant ómni- a térre-a, é-jus nútu examinán-

da : 7. Distríctum ad judí-ci- a : 8. Cleméntem in poténti- a.

9. Tú-a nos sálva, Chríste, cleménti- a, propter quos pássus

es dí-ra. 10. Ad pó-li ástra súbleva ní-tida, qui sórde

térgis saécu-la. 11. Influ-e sálus véra, effúga per-ícu-la.

12. Omni-a ut sint múnda tríbu-e pací-fi-ca : 13. Ut hic

tú-a sálvi mi-se-ricórdi-a, 14. Laéti régna post ade-ámus

súpe-ra : 15. Qui régnas saécu-la per infiní-ta. Amen.

TEMPORE NATIVITATIS.

234. — Veni, Redemptor géntium.

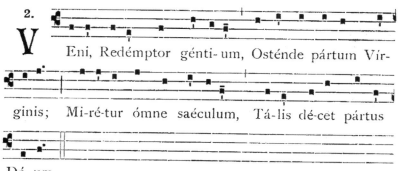

Eni, Redémptor génti-um, Osténde pártum Vír-

ginis; Mi-ré-tur ómne saéculum, Tá-lis dé-cet pártus

Dé-um.

2. Non ex virili sémine
Sed mýstico spirámine
Vérbum Déi fáctum cáro,
Fructúsque véntris flóruit.

3. Alvus tuméscit Vírginis,
Cláustrum pudóris pérmanet
Vexílla virtútum mícant,
Versátur in témplo Déus.

4. Próc(e)dat e thálamo súo
Pudóris áula régia,
Gém(i)nae gígas substántiae,
Alácris ut cúrrat víam.

5. Egréssus éjus a Pátre,
Regréssus éjus ad Pátrem,

Excúrs(us) usque ad ínferos,
Recúrsus ad sedem Déi.

6. Æquális ætérno Pátri,
Cárnis trophaéo cíngere
Infírma nóstri córporis
Virtúte fírmans pérpeti.

7. Praesépe jam fúlget túum,
Luménque nox spirat súum,
Quod núlla nox intérpolet,
Fidéque júgi lúceat.

8. Glória tíbi, Dómine,
Qui nátus es de Vírgine,
Cum Pátr(e) et Sáncto Spíritu,
In sempitérna saécula. Amen.

235. — Adeste, fideles.

1. Ad- é- ste, fi- dé- les, laé- ti, tri- um-
phán- tes : Ve- ní- te, ve- ní- te in Béth- le-
em : Ná- tum vi- dé- te Ré- gem ange-
ló- rum. Ve- ní- te, ad-o- ré- mus. Ve- ní- te, ad-o-
ré- mus. Ve- ní- te, ad-o- ré- mus Dó- mi- num.

Chorus : Nátum vidéte.

En grége relícto, húmiles ad cúnas
Vocáti pastóres appróperant :
* Et nos ovánti grádu festinémus :
Veníte, adorémus, *etc.*

Ætérni Paréntis splendórem aetérnum
Velátum sub cárne vidébimus :
* Déum infántem, pánnis involútum,
Veníte, adorémus, *etc.*

Pro nóbis egénum et foéno cubántem
Piis foveámus ampléxibus :
* Sic nos amántem quis non redamáret?
Veníte, adorémus, *etc.*

236. — Verbum caro factum est.

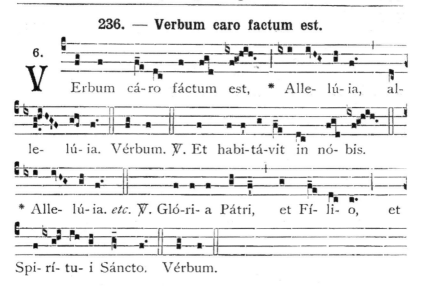

6.

Erbum cá-ro fáctum est, * Alle- lú- ia, al-

le- lú- ia. Vérbum. ℣. Et habi-tá-vit in nó- bis.

* Alle- lú- ia. *etc.* ℣. Gló-ri- a Pátri, et Fí- li- o, et

Spi- rí- tu- i Sáncto. Vérbum.

TEMPORE QUADRAGESIMÆ.

237. — Domine, ne in ira tua.

1.

O- mi- ne, * ne in í-ra tú- a árgu- as

me, neque in furó- re tú- o corrí- pi- as

me : * Mi-se-ré-re mé- i, Dó- mi- ne, quóni- am

in- fír-mus sum. ℣. Tímor et trémor ve-

né-runt su-per me, et conte-xérunt me ténebrae.

* Mi-se-ré-re. Gló-ri- a   Pátri, et Fí- li- o,   et Spi-

rí-tu- i Sáncto.   * Mi-se-ré- re.

TEMPORE PASCHALI.

238. — Ecce vicit leo.

7.

C- ce * ví- cit lé-   o de tríbu Júda,

rádix Dávid,   ape-rí- re líbrum, et sólvere sé- ptem si-

gná- cu-la   é-   jus : * Alle- lú-'   ia,   alle- lú-

ia,   al-le-   lú-   ia. ℣. Dí-gnus est   Agnus, qui

occí-sus est, accípere virtú-tem, et di-vi-ni-tá- tem,   et

sa- pi- énti- am, et for-ti-túdi- nem,   et   ho-nórem, et gló-

ri- am, et bene-   di-cti-   ó- nem. * Alle- lú-   ia.

239. — O filii et filiae.

Al-le- lú- ia, Al-le- lú- ia, Al- le- lú- ia.

Chorus repetit : Allelúia.

1. O fí- li- i et fí- li- ae, Rex cae- lé-stis, Rex gló- ri-

ae, Mór- te sur-ré- xit hó- di- e, Al- le- lú- ia.

2.
Et máne príma sábbati,
Ad óstium monuménti
Accessérunt discípuli.

3.
Et María Magdaléne,
Et Jacóbi, et Salóme,
Venérunt córpus úngere.

4.
In albis sédens Angelus
Praedixit muliéribus :
In Galilaéa est Dóminus.

5.
Et Joánnes Apóstolus
Cucúrrit Pétro cítius,
Monuménto vénit prius.

6.
Discípulis adstántibus,
In médio stétit Chrístus,
Dícens : Pax vóbis ómnibus.

7.
Ut intelléxit Dídymus,
Quia surréxerat Jésus,
Remánsit fere dúbius.

8.
Víde, Thóma, víde látus,
Víde pédes, víde mánus,
Nóli ésse incrédulus.

9.
Quando Thómas Chrísti látus,
Pédes vídit atque mánus,
Dixit : Tu es Déus méus.

10.
Beáti qui non vidérunt,
Et fírmiter credidérunt,
Vítam aetérnam habébunt.

11.
In hoc fésto sanctíssimo
Sit laus et jubilátio,
BENEDICÁMUS DÓMINO.

12.
Ex quíbus nos humíllimas
Devótas atque débitas
DÉO dicámus GRÁTIAS.

IN HONOREM B. MARIÆ V.

240. — Ave Maria.

6.

-ve, Ma-rí- a, grá-ti- a pléna : * Dómi-nus té-cum.

Ave. ℣. Bene-dícta tu in mu-li- é-ribus, et benedíctus frú-

ctus véntris tú- i. * Dómi-nus. ℣. Gló-ri- a Pátri, et Fí-li- o,

et Spi-rí-tu- i Sáncto.   Ave.

241. — Angelus Domini.

6.

Nge- lus Dómi- ni   * nunti- ávit Ma-   rí- ae.

℣. Et concépit de Spí- ri- tu Sáncto. ℣. Gló-ri- a Pátri,

et Fí- li- o,   et Spi- rí- tu- i Sáncto.

242. — Beata es, Virgo Maria.

E-á-ta es, * Vírgo Ma-rí- a, quae Dómi-

num portá- sti, Cre- a-tó-rem mún- di : * Ge-

nu-ísti qui te fé- cit, et in aetér-

num pér- ma-nes Vír- go. ℣. Ave, Ma-rí- a, grá-

ti- a plé- na : Dó- mi-nus té- cum. * Genu- í-

sti. Gló-ri- a Pá-tri, et Fí- li- o, et Spi-rí-

tu- i Sán- cto. * Genu- ísti.

IN HONOREM SS.MI CORDIS.

243. — Lux alma Jesu.

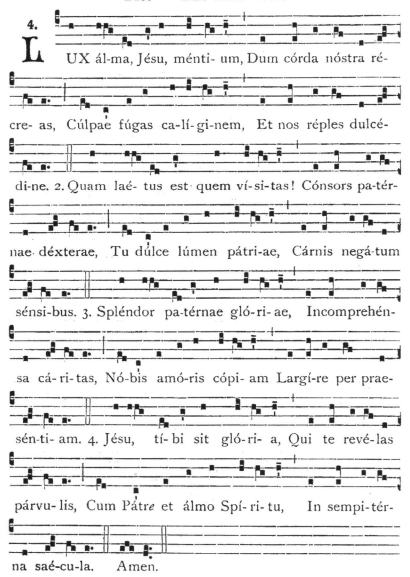

4.

L UX ál-ma, Jésu, ménti- um, Dum córda nóstra ré-

cre- as, Cúlpae fúgas ca-lí-gi-nem, Et nos réples dulcé-

di-ne. 2. Quam laé- tus est quem ví-si-tas! Cónsors pa-tér-

nae déxterae, Tu dúlce lúmen pátri-ae, Cárnis negá-tum

sénsi-bus. 3. Spléndor pa-térnae gló-ri- ae, Incomprehén-

sa cá-ri-tas, Nó-bis amó-ris cópi- am Largí-re per prae-

sén-ti- am. 4. Jésu, tí- bi sit gló-ri- a, Qui te revé-las

párvu-lis, Cum Pátre et álmo Spí-ri-tu, In sempi-tér-

na saé-cu-la. Amen.

244. — Gaude Sion.

8.

G Au- de Sí- on, quae dí- em réco-lis, Qua Mar- tí-
2. Hic Mar-tínus, páu- per et módi-cus, Sér- vus prú-

nus, cómpar A-pósto-lis, Múndum víncens, júnctus cae- lí-
dens, fi- dé- lis víl-licus, Caé- lo dí- ves, cí- vis angé-

co-lis Co-ro-ná-tur. 3. Hic Martínus, jam ca- techú-
licus Sublimá-tur. 4. Hic Martínus, spér- nens mi- lí-

menus Núdum vé-stit, et nó-cte pró- tinus In sequénti,
ti- am, In-i- mí- cis in- érmis óbvi- am I- re pá- rat,

hac vé- ste Dóminus Est indútus. 5. Hic Martínus, dum
ba-ptí-smi grá- ti- am As-se- cútus. 6. Hic Martínus, qui

óffert hósti- am, Intus árdet per Dé- i grá- ti- am : Su-
caélum ré-serat, Má- ri praé- est et térris ím-perat, Mór-

per-sédens ap-pá- ret é- ti- am Glóbus ígnis. 7. Hic Mar-
bos sánat et mónstra súpe-rat, Vir in-sígnis. 8. Hic Mar-

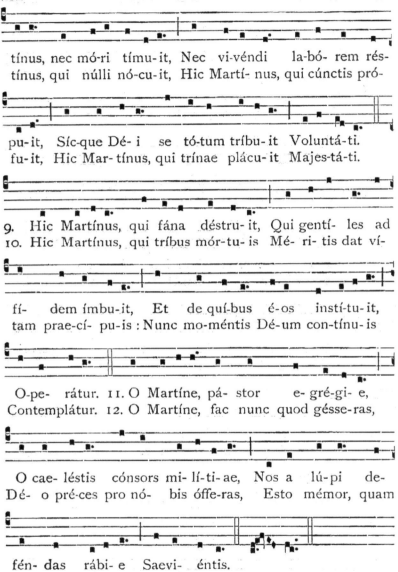

tínus, nec mó-ri tímu-it, Nec vi-véndi la-bó- rem rés-
tínus, qui núlli nó-cu-it, Hic Martí- nus, qui cúnctis pró-

pu-it, Síc-que Dé- i se tó-tum tríbu-it Voluntá-ti.
fu-it, Hic Mar-tínus, qui trínae plácu-it Majes-tá-ti.

9. Hic Martínus, qui fána déstru-it, Qui gentí- les ad
10. Hic Martínus, qui tríbus mór-tu- is Mé- ri- tis dat ví-

fí- dem ímbu-it, Et de quí-bus é-os instí-tu-it,
tam prae-cí- pu-is : Nunc mo-méntis Dé-um con-tínu-is

O-pe- rátur. 11. O Martíne, pá- stor e- gré-gi- e,
Contemplátur. 12. O Martíne, fac nunc quod gésse-ras,

O cae- léstis cónsors mi- lí-ti-ae, Nos a lú-pi de-
Dé- o pré-ces pro nó- bis óffe-ras, Esto mémor, quam

fén- das rábi- e Saevi- éntis.
númquam dése-ras Tú- ae géntis. A- men.

PRO PAPA.

245. — Oremus pro Pontifice.

Cantus II.

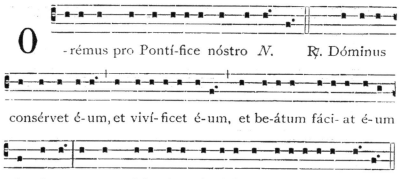

O -rémus pro Pontí-fice nóstro *N.* ℞. Dóminus consérvet é-um, et viví-ficet é-um, et be-átum fáci- at é-um in térra, et non trádat é-um in ánimam inimicórum é-jus.

Cantus III. *(Pro tempore Nativitatis).*

5.

O -rémus pro Pontí-fi- ce nó-stro Pí- o.
nóstro Le- ó- ne.
nóstro Be- ne-dí- cto.

℞. Dóminus consérvet é-um, et vi-ví-fi-cet é-um, et be-á-tum fáci- at é-um in térra, et non trádat é-um in á-nimam inimi-córum é-jus.

Cantus IV. *(Pro tempore paschali).*

6.

O - rémus pro Pontí- fice nóstro Pí- o. [1] R̥. Dómi-

nus consérvet é-um, et vi-ví- fi- cet é- um, et be- á-tum

fáci- at é- um in tér-ra,   et non trádat é- um in ánimam

inimicó-rum é- jus.

V̥. Fíat mánus túa super vírum déxterae túae.
R̥. Et super filium hóminis quem confirmásti tíbi.

Orémus.

DEus, ómnium fidélium pastor et rector, fámulum tuum *N.* quem pastórem Ecclésiae tuae praeésse voluísti, propítius réspice : † da ei, quaésumus, verbo et exémplo, quibus praeest profícere; * ut ad vitam, una, cum grege sibi crédito, pervéniat sempitérnam. Per Christum.

[1]

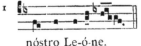

nóstro Le-ó-ne.

nóstro Benedícto.

LITANIÆ, PRECES ET ORATIONES QUÆ DICUNTUR IN EXPOSITIONE ET REPOSITIONE SS.MI SACRAMENTI PRO ORATIONE XL HORARUM

ubi haec solemnis Supplicatio
juxta Instructionem Clementinam peragitur.

In die expositionis :

Post Missam, Celebrans ad scammum deponit planetam et manipulum et assumit pluviale. S. Ministri deponunt manipula. Celebrans ad scammum incensum in duo thuribula (sine benedictione) injicit.

Celebrans genuflexus in infimo gradu Altaris SS. Sacramentum incensat. Deinde assumit velum humerale.

Fit processio. Intonatur *Pange, lingua p.* 286*.

Peracta processione, Diaconus SS. Sacramentum in throno collocat (interim Celebrans deponit velum humerale), et deinde intonatur *Tantum ergo Sacramentum.* Ad *Genitori* incensatur SS. Sacramentum more solito.

Completo cantu hymni *Tantum ergo,* non additur *Panem de caelo,* etc., sed statim Cantores incipiunt Litanias Sanctorum *p.* 288*.

In die repositionis :

Post Missam, Celebrans — ad scammum — deponit casulam et manipulum et assumit pluviale. S. Ministri manipula deponunt, et omnes ante Altare redeunt.

Cantantur Litaniæ Sanctorum et preces usque ad ℣. *Domine, exaudi orationem meam* (inclusive).

Surgit Celebrans, et incensum in duo thuribula (sine benedictione) injicit, incensat SS. Sacramentum, et assumit velum humerale.

Fit processio. Intonatur *Pange, lingua p.* 286*.

Peracta processione et SS. Sacramento super Altare collocato, intonatur *Tantum ergo.* Ad *Genitori* celebrans incensum in thuribulum injicit et SS. Sacramentum incensat.

Completo cantu hymni *Tantum ergo,* intonatur *Panem de caelo,* etc. Surgit Celebrans et (quin praemittat *Dominus vobiscum)* cantat omnes orationes praescriptas. Quibus absolutis rursus genuflectit et cantat *Domine exaudi,* etc. Deinde Cantores cantant *Exaudiat nos,* etc., et Celebrans submissa voce addit *Fidelium animae,* etc.

Celebrans assumit velum humerale, et Benedictionem impertit more solito.

HYMNUS.

3.

Pange língua glo-ri-ó-si Córpo-ris mysté-ri- um,

Sangui-nísque pre-ti- ó-si, Quem in múndi pré-ti- um Frú-

ctus véntris gene-ró-si Rex effúdit génti- um. 2. Nóbis dá-

tus, nóbis ná-tus Ex intácta Vírgine, Et in múndo

conversá-tus, Spárso vérbi sémine, Sú- i móras inco-lá-

tus Mí-ro cláusit órdine. 3. In suprémae nócte coénae

Recúmbens cum frátribus, Observá-ta lége plene Cí-bis

in legá-libus, Cíbum túrbae du-odénae Se dat sú- is má-

nibus. 4. Vérbum cáro, pánem vérum Vérbo cárnem éffi-

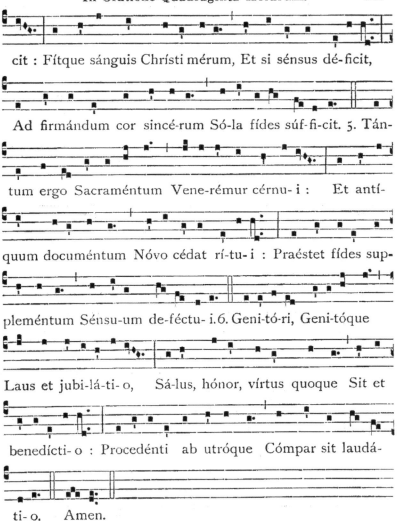

cit : Fítque sánguis Chrísti mérum, Et si sénsus dé-ficit,

Ad firmándum cor sincé-rum Só-la fídes súf-fi-cit. 5. Tán-

tum ergo Sacraméntum Vene-rémur cérnu- i :   Et antí-

quum documéntum Nóvo cédat rí-tu- i : Praéstet fídes sup-

pleméntum Sénsu-um de-féctu- i. 6. Geni-tó-ri, Geni-tóque

Laus et jubi-lá-ti- o,   Sá-lus, hónor, vírtus quoque Sit et

benedícti- o : Procedénti ab utróque Cómpar sit laudá-

ti- o.   Amen.

LITANIÆ SANCTORUM.

K Yri-e e-lé- i-son. *ij.* Chríste e-lé- i-son. *ij.* Ký-ri-e

e-lé- i-son. *ij.* Chríste audi nos. *ij.* Chríste, exáudi nos. *ij.*

Pá- ter de caé- lis,   Dé- us, mi-se*ré-re* nóbis.
Fí- li Red- émptor múndi, Dé- us, mi-se*ré-re* nóbis.
Spí- ri- tus Sán-cte,   Dé- us, mi-se*ré-re* nóbis.
Sáncta Trí- ni- tas,   únus Dé- us, mi-se*ré-re* nóbis.

Sáncta Ma-rí- a,   óra *pro* nóbis.

Sáncta Dé- i Gé-nitrix,   óra *pro* nóbis.
Sáncta Vírgo vírginum,   óra *pro* nóbis.
Sáncte   Mícha-el,   óra *pro* nóbis.
Sáncte   Gábri- el,   óra *pro* nóbis.
Sáncte   Rápha-el,   óra *pro* nóbis.

Omnes sáncti Ange-li et Archánge-li, orá-*te pro* nóbis.
Omnes sáncti beatórum Spirítuum órdines, orá-*te pro* nóbis.

Sáncte Jo-ánnes Baptísta,   óra *pro* nóbis.
Sáncte   Jó-seph, óra *pro* nóbis.

Omnes sáncti Patri-árchae et Prophétae, orá-*te pro* nóbis.

Sáncte Pé- tre, óra *pro* nóbis.

Sáncte Páule,	óra pro nóbis.	Sáncte Gregóri,	óra.
Sáncte Andréa,	óra.	Sáncte Ambrósi,	óra.
Sáncte Jacóbe,	óra.	Sáncte Augustíne,	óra.
Sáncte Joánnes,	óra.	Sáncte Hierónyme,	óra.
Sáncte Thóma,	óra.	Sáncte Martíne,	óra.
Sáncte Jacóbe,	óra.	Sáncte Nicoláe,	óra.
Sáncte Philíppe,	óra.	Omnes sáncti Pontífices et	
Sáncte Bartholomaée,	óra.	Confessóres,	oráte.
Sáncte Matthaée,	óra.	Omnes sáncti Doctóres,	oráte.
Sáncte Simon,	óra.	Sáncte Antóni,	óra.
Sáncte Thaddaée,	óra.	Sáncte Benedícte,	óra.
Sáncte Mathía,	óra.	Sáncte Bernárde,	óra.
Sáncte Bárnaba,	óra.	Sáncte Domínice,	óra.
Sáncte Lúca,	óra.	Sáncte Francísce,	óra.
Sáncte Márce,	óra.	Omnes sáncti Sacerdótes et	
Omnes sáncti Apóstoli et		Levítae,	oráte.
Evangelístae,	oráte.	Omnes sáncti Mónachi et	
Omnes sáncti Discípuli		Eremítae,	oráte.
Dómini,	oráte.	Sáncta María Magdaléna,	óra.
Omnes sáncti Innocéntes,	oráte.	Sáncta Agatha,	óra.
Sáncte Stéphane,	óra.	Sáncta Lúcia,	óra.
Sáncte Laurénti,	óra.	Sáncta Agnes,	óra.
Sáncte Víncénti,	óra.	Sáncta Caecília,	óra.
Sáncti Fabiáne et Sebastiáne,	oráte.	Sáncta Catharína,	óra.
Sáncti Joánnes et Páule,	oráte.	Sáncta Anastásia,	óra.
Sáncti Cósma et Damiáne,	oráte.	Omnes sánctae Vírgines et	
Sáncti Gervási et Protási,	oráte.	Víduae,	oráte.
Omnes sáncti Mártyres,	oráte.	Omnes Sáncti et Sánctae Déi,	
Sáncte Silvéster,	óra.	intercédite pro nóbis.	

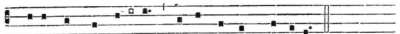

Propí- *ti- us* és- to, párce nó-bis Dómine.
Propí- *ti- us* és- to, exáu-di nos Dómine.
Ab *ómni* má- lo, lí-be- ra nos Dómine.

Ab ómni peccáto,   líbera nos Dómine.
Ab íra túa,   líbera nos Dómine.
A subitánea et improvísa mórte,   líbera nos Dómine.
Ab insídiis diáboli,   líbera nos Dómine.
Ab íra, et ódio, et ómni mála voluntáte,   líbera nos Dómine.
A spíritu fornicatiónis,   líbera nos Dómine.

A fúlgure et *tempestáte*,	líbera nos Dómine.
A flagéllo *terræmótus*,	líbera nos Dómine.
A péste, fá*me*, *et* béllo,	líbera nos Dómine.

Sequens invocatio dicitur tantum in Oratione XL Horarum :

Ab imminénti*bus* perículis,	líbera nos Dómine.

A mór*te per*pétua,	líbera nos Dómine.
Per mystérium sánctae incarnatió*nis* túae,	líbera nos Dómine.
Per ad*véntum* túum,	líbera nos Dómine.
Per nativi*tátem* túam,	líbera nos Dómine.
Per baptísmum et sánctum jejú*nium* túum,	líbera nos Dómine.
Per crúcem et pa*ssiónem* túam,	líbera nos Dómine.
Per mórtem et sepul*túram* túam,	líbera nos Dómine.
Per sánctam resurrectió*nem* túam,	líbera nos Dómine.
Per admirábilem ascensió*nem* túam,	líbera nos Dómine.
Per advéntum Spíritus Sán*cti Par*ácliti,	líbera nos Dómine.
In díe *ju*dícii,	líbera nos Dómine.

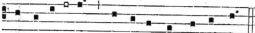

Pec*ca*-tó- res,   te rogámus áudi nos.

Ut nó*bis* pá*r*cas,	te rogámus áudi nos.
Ut nóbis *in*dúlgeas,	te rogámus áudi nos.
Ut ad véram paeniténtiam nos perdúcer**e** *dig*néris,	te rogámus áudi nos.
Ut Ecclésiam túam sánctam ' régere et conserváre *dig*néris,	te rogámus áudi nos.
Ut Dómnum Apostólicum et ómnes ecclesiásticos órdines' in sáncta religióne conserváre *dig*néris,	te rogámus áudi nos.
Ut inimícos sánctae Ecclésiae ' humiliáre *dig*néris,	te rogámus áudi nos.
Ut régibus et princípibus christiánis ' pácem et véram concórdiam donáre *dig*néris,	
Ut cúncto pópulo christiáno ' pácem et unitátem largíri *dig*néris,	
Ut ómnes errántes ad unitátem Ecclésiae revocáre, ' et infidéles univérsos ad Evangélii lúmen perdúcere *dig*néris,	te rogámus áudi nos.
Ut nosmetípsos in túo sáncto servítio ' confortáre et conserváre *dig*néris,	te rogámus áudi nos.
Ut méntes nóstras ' ad caeléstia desidéri*a* érigas,	te rogámus áudi nos.
Ut ómnibus benefactóribus nóstris ' sempitérna bóna re*tri*buas,	te rogámus áudi nos.
Ut ánimas nóstras ' frátrum, propinquórum et benefactórum nostrórum ' ab aetérna damnatióne *eri*pias,	te rogámus áudi nos.
Ut frúctus térrae ' dáre et conserváre *dig*néris,	te rogámus áudi nos.
Ut ómnibus fidélibus defúnctis ' réquiem aetérnam donáre *dig*néris,	te rogámus áudi nos.
Ut nos exaudíre *dig*néris,	te rogámus áudi nos.
Fí*li* Déi.	te rogámus áudi nos.

Agnus Dé- i, qui tóllis peccá-ta múndi, párce nóbis, Dó-

mine. Agnus Dé- i, qui tóllis peccá-ta múndi, exáudi

nos, Dómine. Agnus Dé- i, qui tóllis peccá- ta múndi,

mi-seré-re nóbis. Chríste, áudi nos. Chríste, exáudi nos.

Kýri- e, e-lé- ison. Chríste, e-lé- ison. Kýri- e, e-lé- i- son.

Celebrans canendo dicit :

Páter nóster. *secreto.* ℣. Et ne nos indúcas in tentati- ónem.

℞. Sed líbera nos a má-lo.

Deinde cantores intonant psalmum 69.

D E-us in adjutóri- um mé-*um intén*-de : * Dómine ad

adjuvándum me festí- na. *Flexe :* viví- ficet é- um, †

2. Confundántur et revereántur, * qui quaérunt ánimam méam.
3. Avertántur retrórsum, et erubéscant, * qui volunt míhi mála.
4. Avertántur statim erubescéntes, * qui dícunt míhi : Euge, éuge.

5. Exsúltent et laeténtur in te ómnes qui quaérunt te : * et dícant semper : Magnificétur Dóminus : qui díligunt salutáre túum.

6. Ego vero egénus et páuper sum : * Déus, ádjuva me.

7. Adjútor méus et liberátor méus és tu : * Dómine, ne moréris.

8. Glória Pátri, et Filio, * et Spirítui Sáncto.

9. Sicut érat in princípio, et nunc, et sémper, * et in saécula saeculórum. Amen.

Finito psalmo, Celebrans, adhuc genuflexus, dicit sequentes preces in tono feriali (vel in tono simplici antiquo :

℣. Sálvos fac sérvos túos. ℞. Déus méus sperántes in te.

℣. Esto nóbis Dómine túrris fortitúdinis. ℞. A fácie inimíci.

℣. Nihil profíciat inimícus in nóbis.

℞. Et fílius iniquitátis non appónat nocére nóbis.

℣. Dómine non secúndum peccáta nóstra fácias nobis.

℞. Neque secúndum iniquitátes nóstras retríbuas nóbis.

℣. Orémus pro Pontífice nóstro N.

℞. Dóminus consérvet éum, et vivíficet éum, † et beátum fáciat éum in térra, * et non trádat éum in ánimam inimicórum éjus.

℣. Orémus pro benefactóribus nóstris.

℞. Retribúere dignáre Dómine, † ómnibus nóbis bóna faciéntibus propter nómen túum, * vitam aetérnam. Amen.

℣. Orémus pro fidélibus defúnctis.

℞. Réquiem aetérnam dóna éis Dómine, * et lux perpétua lúceat éis.

℣. Requiéscant in páce. ℞. Amen.

℣. Pro frátribus nóstris abséntibus.

℞. Sálvos fac sérvos túos, * Déus méus, sperántes in te.

℣. Mítte éis Dómine auxílium de sáncto. ℞. Et de Sion tuére éos.

℣. Dómine exáudi oratiónem méam.

℞. Et clámor méus ad te véniat. *(Surgit celebrans).*

In die Repositionis hic sequuntur incensatio, processio et Tantum ergo. *Cantato* Panem de caelo Celebrans, *quin praemittat* Dominus vobiscum *orationes sequentes cantat.*

In die autem Expositionis Celebrans immediate cantat :

℣. Dóminus vobíscum. ℞. Et cum spíritu túo.

Orémus.   *Oratio.*

1. **D**Eus, qui nobis sub Sacraménto mirábili passiónis tuae memóriam reliquísti : † tríbue, quaésumus, ita nos Córporis et Sánguinis | tui sacra mystéria venerári ; * ut redemptiónis tuae fructum in nobis júgiter sentiámus.

Ab Adventu usque ad Nativitatem Domini :

2. **D**Eus, qui de beátae Maríae Vírginis útero Verbum tuum, Angelo nuntiánte, carnem suscípere voluísti : † praesta supplícibus tuis ; * | ut, qui vere eam Genitrícem Dei crédimus, ejus apud te intercessiónibus adjuvémur.

A Nativitate usque ad Purificationem :

DEus, qui salútis aetérnae, beátae Maríae virginitáte fecúnda, humáno géneri praémia praestitisti : † tríbue, quaésumus; ut ipsam pro nobis intercédere sentiámus, * per quam merúimus auctórem vitae suscípere, Dóminum nostrum Jesum Christum Fílium tuum.

A Purificatione usque ad Pascha et post Tempus Paschale usque ad Adventum Domini :

COncéde nos fámulos tuos, quaésumus Dómine Deus, perpétua mentis et córporis sanitáte gaudére : † et gloriósa beátae Maríae semper Vírginis intercessióne, * a praesénti liberári tristítia, et aetérna pérfrui laetítia.

Tempore Paschali :

DEus, qui per resurrectiónem Fílii tui Dómini nostri Jesu Christi mundum laetificáre dignátus es : † praesta, quaésumus; ut per ejus Genitrícem Vírginem Maríam * perpétuae capiámus gáudia vitae.

3. OMnípotens, sempitérne Déus, miserére fámulo tuo Pontífici nostro *N.*, † et dírige eum secúndum tuam cleméntiam in viam salútis aetérnae : * ut, te donánte, tibi plácita cúpiat, et tota virtúte perfíciat.

4. DEus, refúgium nostrum, et virtus : † adésto piis Ecclésiae tuae précibus, auctor ipse pietátis, et praesta ; * ut, quod fidéliter pétimus, efficáciter consequámur.

5. OMnípotens, sempitérne Deus, qui vivórum domináris simul et mortuórum, omniúmque miseréris, quos tuos fide et ópere futúros esse praenóscis : † te súpplices exorámus; ut, pro quibus effúndere preces decrévimus, quosque vel praesens saéculum adhuc in carne rétinet, vel futúrum jam exútos córpore suscépit, * intercedéntibus ómnibus Sanctis tuis, pietátis tuae cleméntia ómnium delictórum suórum véniam consequántur. Per Dóminum nostrum Jesum Christum, Fílium tuum : Qui tecum vivit et regnat in unitáte Spíritus Sancti Deus, per ómnia saécula saeculórum. R̰. Amen.

Celebrans in genua procumbit et cantat :

V̰. Dómine exáudi oratiónem méam.
R̰. Et clámor méus ad te véniat.

Cantores (si mos viget) :

V̰. Exáudiat nos omnípotens et miséricors Dóminus.
R̰. Et custódiat nos semper. Amen.

Celebrans (voce minus elevata) :

V̰. Fidélium ánimae per misericórdiam Dei requiéscant in páce.
R̰. Amen.

In die Expositionis post brevem orationem discedunt Celebrans et sacri Ministri.
In die Repositionis sequitur Benedictio.

TONI COMMUNES.

TONI VERSICULORUM.

Omnes versiculi cantantur in tono simplici ut infra :

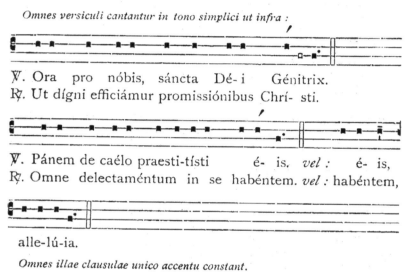

℣. Ora pro nóbis, sáncta Dé- i Génitrix.
℟. Ut dígni efficiámur promissiónibus Chrí- sti.

℣. Pánem de caélo praesti-tísti é- is. *vel :* é- is,
℟. Omne delectaméntum in se habéntem. *vel :* habéntem,

alle-lú-ia.

Omnes illae clausulae unico accentu constant.

TONI ORATIONUM.

Omnes orationes cantantur in tono feriali B, *hoc est : recta voce a principio
ad finem, solummodo sustentando tenorem ubi alias fieret metrum et flexa,
praeterquam quod in fine orationis et conclusionis fit punctum per semiditonum ut infra :*

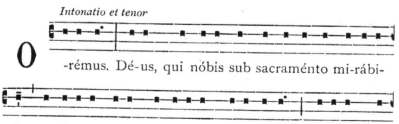

Intonatio et tenor

O -rémus. Dé-us, qui nóbis sub sacraménto mi-rábi-

li passi-ónis tú-ae memó-ri-am re-liquísti : † tríbu-e, quaé-

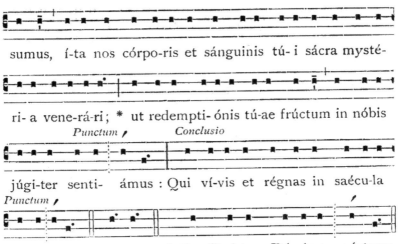

sumus, í-ta nos córpo-ris et sánguinis tú- i sácra mysté-

ri- a vene-rá-ri; * ut redempti- ónis tú-ae frúctum in nóbis

Punctum /   *Conclusio*

júgi-ter senti- ámus : Qui ví-vis et régnas in saécu-la

Punctum /

saecu-lórum. ℟. Amen *vel:* Per Chrístum Dóminum nóstrum

Tonus simplex antiquus *(ad libitum).*

Tenor

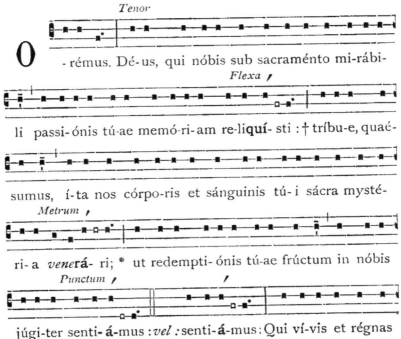

O - rémus. Dé-us, qui nóbis sub sacraménto mi-rábi-

Flexa /

li passi-ónis tú-ae memó-ri- am re-liquí- sti : † tríbu-e, quaé-

sumus, í-ta nos córpo-ris et sánguinis tú- i sácra mysté-

Metrum /

ri- a *venerá*- ri; * ut redempti- ónis tú-ae frúctum in nóbis

Punctum /   /

júgi-ter senti- á-mus :*vel :* senti-á-mus: Qui ví-vis et régnas

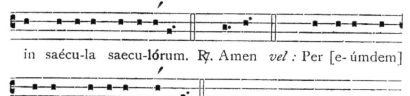

in saécu-la saecu-lórum. ℞. Amen *vel :* Per [e-úmdem]

Chrístum Dóminum **nóstrum.**

Omnes clausulae unico accentu constant, metrum vero cum duobus notis praeparationis.

In fine orationis ante conclusionem, fit punctum per diapente vel per semiditonum; ipsa vero conclusio cadit semper per semiditonum. Sed si oratio careat conclusione proprie dicta (ut oratio Deus, qui salútis, *post antiphonam* Alma Redemptóris), *oratio terminatur in semiditono ita ut semper semiditonus cantetur ante* ℞. Amen.

Flexa regulariter fieri debet in fine primae distinctionis; omittitur tantum quando oratio est brevior.

Metrum nunquam omittendum est.

In minori conclusione, nec flexa nec metrum fieri debet.

ADNOTATIONES.

1. **O salutaris Hostia I.** (Vatic.). — Pars hymni « *Verbum supernum prodiens* » ad Laudes Off. Corp. Christi. Melodia cujusdam hymni antiqui de Adventu, saec. VI.

2. **O salutaris Hostia II.** — Melodia cujusdam hymni medii aevi; invenitur etiam in hymno « *Gaude Mater Ecclesia* », in Festo S. Dominici, 4 Aug. *(Nota e Cantuali Romano-Seraphico, a fr. Eliseo Bruning O. F. M., 1951, p. 388. Desclée et Socii.)*

3. **O salutaris Hostia III.** — Melodia hymni ad Laudes Off. S. Petri de Alcantara, 19 Oct. *(Antiph. Rom. Séraph., 1928, p. 1003).*

4. **O salutaris Hostia IV.** — *(Antiph. Missar. Mediolan., 1935, p. 641).*

5. **O salutaris Hostia V.** — Melodia hymni ad Primam pro Dom. per annum et minoribus Festis. *(Liber Usualis n° 780 vel Paroiss. Rom. n° 800, 1934, p. 224).*

6. **O salutaris Hostia VI.** — Melodia hymni « *Conditor alme siderum* » in Vesp. Off. SS. Redemptoris *(Antiph. S. R. Eccl., Edit. Vatic., 1912, p. [210] et suppl. : Hymni Officii Romani ad Laudes et Hor. diei sec. antiquum usum, p. 48).*

7. **O salutaris Hostia VII.** — Melodia hymni Quadrag. *Clarum decus* quae hodie super textum hymni *Salvete Christi vulnera.* cantatur ad Laudes Off. Pretios. Sanguinis D. N. J. C., 1 Jul. *(Liber Usualis, n° 780 vel Paroiss. Rom. n° 800, 1946, p. 1529).*

8. **Panis angelicus I.** — Pars hymni « *Sacris solemniis* » ad Matutin. Off. Corp. Christi. Hac melodia in medio aevo cantabatur hymn. « *Sanctorum meritis* ».

9. **Panis angelicus II.** — Cantus ex libris saec. XVI in Italia impressis. *(Graduale S. R. E., 1908, 125*).* Melodia emendata in *Antiph. Solesm. 818F*, 958, die 30 Maii.

10. **Panis angelicus III.** — Melodia hymni antiqui de Ascensione Domini *Festum nunc celebre*, Rabani Mauri († 856), *(Nota e Cant. Rom. Seraph., 1951, p. 390)* et nunc melodia hymni *Festivis resonent* in Vesp. Pretioss. Sang. D. N. J. C., die 1 Julii.

11. Ave verum. — Tropus quae jam saec. XIV cantabatur, elevatione peracta. Melodiae diversae inveniuntur in libris gallicis saec. XIV. (*v. Revue du Chant grégorien, 1934,* p. 165-166. — Dom. A. Wilmart, *Auteurs spirituels et textes dévots, 1932*).

12. Adoro te. — Cum usus ostendendi S. Hostiam et S. Calicem in Elevatione Missae ubique diffundebatur saec. XIII-XIV, e parte fidelium variae exortae sunt preces et orationes, *Adoro te, Ave verum, Salve, lux mundi,* e. a. Hymnus *Adoro te* non invenitur ante saec. XIV, nec est opus S. Thomae Aq. Demum post Missale Pii V (1570) ubique diffunditur. Cfr. Dom A. Wilmart O. S. B. *Auteurs spirituels et textes dévots du moyen âge latin,* Paris, 1932, p. 361-414. Melodia invenitur in Processionalibus saec. XVIII. (*Nota e Cant. Rom. Seraph., 1951*, p. 373).

13. Ecce panis Angelorum. — Pars sequentiae « *Lauda Sion* » in Off. Corp. Christi. Textus S. Thomae Aquinatis.

14. Ego sum panis I. — Ant. ad *Benedictus* in officio Corp. Christi. Melodia emendata ex *Antiph. Monast. 1934,* p. 553. Vide melodiam ex *Antiph. S. R. E.* in *Libro Usuali, 1934,* p. 942. Melodia antiqua Ant. *Pax aeterna* (in hoc libro nᵒ 88) ex antiquis ritualibus gallicis pro Dedicatione.

15. Ego sum panis II. — Ant. ad Cant. *Magnificat* in Fer. IV Quatuor Temporum infra Oct. Pentec. (*Liber Usualis, nᵒ 780,* vel *Paroiss. Rom. nᵒ 800, 1934,* p. 895).

16. Ego sum panis III. — Melodia *ad libitum* Ant. Cant. *Benedictus* infra Oct. Corp. Christi (*Antiph. Monast. 1934,* p. 553).

17. Cibavit illos I. — Resp. brev. in tono solemni pro Vesp. Off. Corp. Christi (*Antiph. Monast., 1934,* p. 546).

18. Cibavit illos II. — Resp. brev. in tono simpl. ex *Antiph. Monast., 1934,* p. 546.

19. Gustate et videte. — In antiquissima Liturgia Occidentali et Orientali (jam praescribitur in « *Constit. Apostol.* » 8, 13), ad Communionem fidelium semper cantandus erat ps. 33 *Benedicam* totus vel pars tantum, prout tempus distributionis SS. Eucharistiae durabat. Semper autem adnectebatur ℣. *Gustate et videte,* et ita quidem ut populus repeteret Ant. *Gustate,* et cantores intercalarent « psalmi versus ad repetendum ». (*Nota e Cant. Rom. Seraph., 1951,* p. 380). Comm. in Missa Dom. VIII post Pentecosten.

20. Ubi caritas et amor. — Canticum ad Mandatum in Cena Domini. Versus ad Mandatum in Italia (saec. IX-X?) compositi. (cf. Wilmart, *op. cit. supra* nᵒ 12, p. 26 sq.). In libro *Rituale vestitionum et Professionum, nᵒ 832 apud Desclée et Soc.,* eumdem cantum in prolixiori et antiquiori forma invenies a Monachis Solesm. denuo restitutum, 1952, p. 140 et seq.

21. Adoramus te... hic et ad omnes ecclesias. — Textus prout in sua Regula a S. Francisco proponitur; moduli musici a fr. E. Bruning O. F. M. (*Nota e Cant. Rom. Seraph.*, *1951*, p. 373).

22. Jesu dulcis amor meus. — Hymn. saec. XVIII ad Laudes in Off. SS. Sindonis D. N. J. C. in Feria VI post Dom. II Quadragesimae. (*Antiph. S. R. Eccl.*, *Edit. Vatic.*, *1912*, Pro aliquibus locis, p. [164]).

23. O panis dulcissime. — Sequentia e libris germanicis et helveticis, saec. XIV.

24. Jesu nostra refectio. — Hymnus ex antiquo Officio Corp. Christi. Textus depromptus ex Antiphonali (probabiliter O. E. S. August. Paris) Bib. Nat. Paris, 14816, saec. XIII; Officium vero istud Corp. Christi est saec. XIV. (*Nota e Cant. Rom. Seraph. 1951*, p. 381). Melodia hymn. ad Horas in festis Nativ. Domini et Corp. Christi. (*Antiph. Monast.*, *1934*, p. 244).

25. Christum regem. — Textus S. Thomae Aquinat. Invitatorium ex Officio Corp. Christi, conjunctum cum aliquibus versibus Psalmi « eucharistici » 33, formula psalmodica antiqua. (*Nota e Cant. Rom. Seraph.*, *1951*, p. 376). Melodia non restituta e *Variae Preces*, 1901, p. 6.

26. Venite populi. — Antiphona quae cantabatur ad communionem fidelium in solemnitate Paschae; invenitur praesertim in codicibus liturgiae gallicanae. Cfr. *Processionale Monasticum*, Solesmis, 1893, p. 105. Dom P. Ferretti O. S. B. ex ulteriori codicum examine cantum correxit. Vide et A. Gastoué, *Le chant gallican*, Grenoble, 1939, p. 10, 36. (*Nota e Cant. Rom. Seraph.*, *1951*, p. 398) cf. *Rev. du Chant grég.*, *1938*, p. 78.

27. Homo quidam. — Respons. VIII Dominicae post festum Corporis Christi; saec. XIII adaptatum modulis musicis, quos saec. XI composuerat Ainardus, Abbas S. Petri (S. Pierre sur Dives) pro respons. *Virgo flagellatur* antiqui officii S. Catharinae. Cfr. *Revue du Chant grég.* 5 (1896), p. 49-54; 18 (1910), p. 172-173. (*Nota e Cant. Rom. Seraph.*, *1951*, p. 380).
Melodia ex *Antiph. Monast.*, *1934*, p. 1189 vel *Solesm.*, *1935*, p. 1291. Respons. *Virgo flagellatur* in *Offices et Messes propres à l'usage du Diocèse de Rouen*, *1937*, p. (195).

28. Unus panis. — Textus a S. Thoma Aquinat. a. 1264; erat Respons. IX Officii Corporis Christi; adhuc est in usu in Officio monastico (Resp. VIII); melodia adaptata est modulis musicis celebris Respons. *Ex ejus tumba* antiqui Officii S. Nicolai, compositi saec. XI ab Isemberto, Abb. Montis S. Catharinae; vide *Revue du Chant grég.*, 9 (1900), p. 50-52; 18 (1910), p. 173-178. Vide hoc Respons. in *Variae Preces*, Solesmis, 1901, p. 61. (*Nota e Cant. Rom. Seraph.*, *1951*, p. 398).

29. Immolabit haedum. — Resp. I Officii Corporis Christi. Melodia e Resp. *Te sanctum Dominum*, infra nº 66. — Versio melodica e *Liber Responsorialis*, Solesmis, 1895, p. 122.

30. Rorate caeli desuper. — Cantus Oratorii, Parisiis, 1610-1615 prima vice editus a. 1634 in « *Directorium chori* » (Oratorii Paris.). Auctor est probabiliter P. Bourget, Sacerdos Oratorii. (*Nota e Cant. Rom. Seraph.*, *1951*, p. 392).

31. En clara vox redarguit. — Hymn. ad Laud. Dom. Adventus. Textus originalis incipit « *Vox clara ecce intonat* » et differt aliquantulum. In Off. monast. saec. IX. (Vatic.).

32. Qui regis sceptra. — Prosa medii aevi pro Dom. III Adventus. (*Variae Preces*, *1892*, p. 55). Ortum duxit probabiliter ex Aquitania in Gallia, c. saec. X-XI.

33. Laetabundus. — Celebris sequentia de Nativ. Domini a saec. XI fere ubique recepta. Cfr. *Revue du Chant grég.*, 10 (1901), p. 65-72. (*Nota e Cant. Rom. Seraph.*, *1951*, p. 382). Ortum duxit in Gallia. Ultimi versiculi Sybillinis vers. desumpti sunt. (*Patr. lat.* 95, col. 1474).

34. Ecce nomen Domini. — Cfr. *Processionale monasticum*, 1893, p. 29. Ant. ex antiquo Off. Nativitatis et collecta cum tropo saec. X.

35. Puer natus in Bethleem. — Cantio germanica saec. XIV.

36. O beata infantia. — Antiphona ex antiquis Processional. gallicis. Textus quodam sermoni Fausti Reiensis desumptus est. (*Paroissien Romain à l'usage du diocèse de Rouen*, *1937*, p. (142).

37. Jesu decus angelicum. — Hymnus ad Laudes SS. Nominis Jesu; melodia (XI s.) hymni *Te lucis* ad Completorium in majoribus festis (*Antiph. Monast.*, *1934*, p. 171).

38. Jesu dulcis memoria. — Hymnus ad Vesperas SS. Nominis Jesu. Hymni 37 et 38 extracti sunt e magno poëmate dicto « Jubilus Sci Bernardi », in Anglia, saec. XII composito (*Ephemerides liturgicae*, *1943*, p. 111, 221).

39. Illuminare. — Resp. in I Vesp. Epiph. Dom. (*Antiph. Monast.*, *1934*, p. 1185 vel *Solesm.*, *1935*, p. 1287).

40. Ego dixi, Domine. — Resp. brev. in tono solemni pro I Vesp. SS.mi Cordis Jesu e *Antiph. Monast.*, *1934*, p. 562. Melodia antiqua Antiphonarii B. Hartkeri.

41. Ego dixi, Domine. — Ut supra. Tonus simplex.

42. Media vita. — Responsorium, seu potius antiphona cum versiculis pro dominicis Septuag., Sexag. et Quinquagesimae (*Process. Monast.*, *1893*, p. 45).

Olim attribuebatur Notkerio Balbulo († 912); videtur vero exorta esse saec. X tamquam Antiphona pro Cantico *Nunc dimittis* ad Completorium; in aliquibus locis in Sabbato post Dom. III Quadrages.; in Anglia a Dom. III Quadrages. usque ad Dom. Passionis; in Turinis Gall. ultimo die anni. Adhibebatur etiam tempore calamitatis et tribulationis, imo tamquam formula imprecatoria contra praepotentes. Cantus iste per totum medium aevum ita famosus erat, ut populus vim miraculosam ei adjudicaret. Cfr. P. Wagner, *Das Media vita*, in *Schweiser, Jahrbuch für Mus. Wissenschaft,* (1924), p. 18-40; et U. Berlière, O. S. B. *L'antienne « Media vita » au moyen-âge*, in *Revue liturg. et monast.* II (1926), p. 125-128, 188 ss.; E. Rieland O. P. *De Completorio fratrum Praedicatorum* in *Eph. Lit.* 59 (1945), p. 156-170; M. Palacios O. S. B. *El responsorio « Media vita »* in *Liturgia* (Silos), 3 (1948), p. 12-17. (*Nota e Cant. Rom. Seraph., 1951,* p. 385).

43. Attende Domine. — ℣. *Attende* et moduli musici ex Processionali Parisiensi a. 1824. Versus *Ad te Rex*, etc. deprompti sunt ex antiquis Precibus litanicis Liturgiae Mozarabicae. (*Nota e Cant. Rom. Seraph., 1951,* p. 374).

44. Miserere et parce. — Textus ex Precibus Liturgiae hispanicae. Moduli musici facti a Dom J. Pothier, O. S. B. († 1923).

45. Parce Domine I. — Versiculi deprompti sunt hymno Quadragesimae ad Mat.

46. Parce Domine... quem redemisti. — Moduli musici deprompti sunt ex Ant. *Parce Domine, parce populo tuo quem redemisti, Christe, Sanguine tuo, ut non in aeternum irascaris nobis, all., all.* quam antiquitus cantabant in Litaniis et postea in Processione Rogationum. (*Nota e Cant. Rom. Seraph., 1951,* p. 390).

47. Miserere mei Deus. — Psalmus 50 in tono praefationis missae. Cfr. *Revue du Chant grégorien, VI, 1898,* p. 121-129. Antiph. *« Parce Domine »* nᵒ 46, cantari potest ante et post psalmum, vel etiam inter versos ad libitum.

48. Exaudi nos Domine. — Ant. pro Dom. II Quadragesimae in *« Process. Monast. »* (*Variae Preces, 1892,* p. 116). Antiphona antiqua olim in Rogationibus decantata.

49. Domine, non secundum. — Tractus pro feriis Quadragesimae, saec. X-XI compilatus. (*Liber Usualis, feria IV Cinerum*). Cfr. *Revue du Chant grég., X, 1902,* p. 97-103.

49bis. Divinae pacis. — Prex litanica liturgiae ambrosianae pro dominica in caput Quadragesimae (*Revue Grégorienne, XXVII, 1948,* p. 4-16).

50. Prosternimus preces. — Prex rythmica liturgiae hispaniae. Melodia a Dom J. Pothier composita. (*Variae Preces, 1892,* p. 131).

51. Salve Crux sancta. — Hymnus. Saepe attribuitur Sto Henrico, imperat. Germaniae († 1024). Auctor est valde probabiliter Heribertus de Rothenburg, episcop. Eistettensis (Franconie) † 1042. (*Revue Grégor.*, *X*, *1925*, p. 81, 161).

52. Insurrexerunt. — Resp. III ad Matutinum pro feria II hebdomadae sanctae. Melodia ex editione typica Vaticana *Officium majoris hebdomadae et octavae Paschae*, *Roma*, *1922*.

53. Salve festa dies. — Versus a Venantio Fortunato, episc. Pictav. († 606) compositi; melodia aevi carolini. *Proces. monast.* *1893*, p. 62.

54. Salve dies dierum. — Sequentia, auctore Adamo a S. Victore, saec. XII. *Variae Preces*, *1901*, p. 142.

55. Christus resurgens. — Antiphona cum versu e liturgia byzantina translato (*Rev. grég.*, *1951*, p. 41, nota).

56. Exsultemus et laetemur. — Tropus pro *Benedicamus Domino* : versio melodica saec. XIV (*Rass. greg.*, *VI*, *1907*, c. 409 sq.).

57. Ego sum Alpha et O. — Antiphona e libris gallicis et italicis pro Dominica Paschae. Textus hodiernus decurtatus est (cfr. *Rev. grég.*, *1938*, p. 168 sq.).

58. Alleluia. Lapis revolutus. — Antiphonae ad Matutinum pro Dominicis Temp. Pasch. in Breviario romano et in Breviario monastico. Melodia in *Process. Monast.*, *1893*, p. 67. Cfr. *Revue du Chant grégorien*, *VIII*, *1900*, p. 121-126. *Trois antiennes pascales* à Dom J. Pothier O. S. B. († 1923).

59. Omnes gentes. — Psalmus 46. Tonus antiquus, quo quidam Psalmi decantabantur in certis solemnitatibus. *Variae Preces*, *1901*, p. 153.

60. Optatus votis omnium. — Hymnus antiquus ad instar hymnorum Sci Ambrosii compositus; melodia italica, e *Liber Usualis* ad Vesperas Dominicae super hymnum *Lucis Creator optime* (3us tonus).

61. Veni Sancte Spiritus. — Ant. ex codicibus italicis et anglicis. (saec. XII).

62. Beata nobis gaudia. — Hymn. ad Laud. Pentecost. Textus saec. VII (*Vatic.*).

63. Qui procedis ab utroque. — Sequentia. Textus et melodia Adami a S. Victore, saec. XII.

64. Duo Seraphim. — Resp. VIII ad Matutin. in Dom. post Pent. Resp. pro Dom. per annum in « *Process. Monast.* », *1893*, p. 107.

65. Adesto sancta Trinitas. — Hymnus saec. X; melodia jam saec. XI attestata est (cf. *Paléogr. Mus. III*, pl. 157 A). Melodia actualis hymni Ss. Apostolorum *Exsultet orbis gaudiis*. (*Vatic.*).

66. Te sanctum Dominum. — Resp. IV ad Matutin. in Dedic. S. Michael. Archang. sec. ritum monast. Resp. pro Dom. per annum in « *Process. Monast.* », *1893*, p. 109.

67. Kyrie, fons bonitatis. — (*Variae Preces, 1892*, p. 161). Tropus antiquus ad Kyrie II ubique receptus (cfr. *Rassegna greg. III, 1904*, c. 531 sq.).

68. Firmator Sancte. — Tropus ad Kyrie VIII ad lib. e codd. helveticis et germanicis saec. XII-XIII.

69. Auctor beate saeculi. — Hymn. in Off. SS. Cordis Jesu (ann. 1765.) Melodia hymn. ex *Antiph. Monast., 1934.* p. 1255 vel *Solesm., 1935*, p. 1361.

70. Cor arca legem continens. — Ut supra.

71. Cor Jesu amantissimum. — Ant. ad Cant. *Benedictus* in Off. SS. Cordis Jesu, ex Proprio Massiliensi. (*Nota e Cant. Rom. Seraph., 1951*, p. 376).

72. Cor Jesu, caritatis. — Textus deprompti ex Evangelio S. Joannis. Modus musici sunt formulae antiquae psalmodicae. (*Nota e Cant. Rom. Seraph., 1951*, p. 376).

73. Cor Jesu, caritatis victima. — Ut supra, nº 72.

74. O quantum in Cruce. — *Processionale monasticum*, Solesmis, *1893*, p. 157.

Pars prior *O quantum... pectus apertum* deprompta esse videtur ex S. Augustini, *De Virginitate*, c. 54, nº 55. Cfr. Bonaventura, *De perfectione vitae*, c. VI, nº 10 in *Opera omnia*, VIII, Ad Claras Aquas, 1898, p. 123 et S. Bonaventura, *Soliloquium*, c. 1, nº 39, o. cit., p. 41.

Cfr. etiam Respons. I in festo VII Dolor. B. M. V. (temp. Passionis) : *Omnis enim figura ejus amorem spirat, et ad redamandum provocat caput inclinatum, manus expansae, pectus apertum*.

Pars altera, a verbis *Fili Dei* usque ad finem cantabatur tamquam ℣. in Respons. *Libera me*, post ℣℣. traditionales *Tremens factus sum, Dies illa* et *Quid ego*, saec. XII-XIII. (*Nota e Cant. Rom. Seraph., 1951*, p. 388).

Cfr. *Revue du Chant grégorien, 1895*, p. 163-165.

Melodia partis prioris adaptata esse videtur a D. J. Pothier. Pars altera cantabatur super eamdem melodiam ac in sequentia *De profundis exclamantes*, saec. XII.

75. Summi Parentis Filio. — Textus hymn. in I Vesp. Off. SS. Cordis Jesu in *Antiph. Rom. Seraph., 1928*, p. 435. Melodia hymni ad Vesp. Fer. II ex *Antiph. Monast. 1934*, p. 137).

76. Sicut dilexit me. — Resp. in I Vesp. Off. SS. Cordis Jesu. (*Antiph. Monast., 1934*, p. 1189 vel *Solesm., 1935,* p. 1291).

77. Litaniae SS. Cordis, Jesu. — Plures invocationes depromptae sunt ex libro aliquo P. Croiset, S. J., (1691); aliae ex libro pio Annae Mariae de Remusat, (1718); denique 2 Apr. 1899 pro universa Ecclesia approbatae sunt. Melodia ex libris Solesmensibus (*Antiph. Monast. Solesmens.*, *1935*, p. 1362). (*Nota e Cant. Rom. Seraph.*, *1951*, p. 383).

78. Te saeculorum Principem. — Textus et melodia hymn. in Vesp. Off. D. N. Jesu Christi Regis. In Off. saec. XX. (*Antiph. Monast.*, *1934*, p. 1090 vel *Solesmens.*, *1935*, p. 1176). In editione vaticana idem textus super melodiam hymni *Beata nobis gaudia*, n° 62.

79. Vexilla Christus inclyta. — Hymn. ad Laudes D. N. J. C. Regis. In Off. saec. XX. (*Liber Usualis, n° 780, 1934*, p. 1706). Melodia hymni *Jam Christus astra* ad Matutinum Pentecostes (*Liber Usualis*, p. 866).

80. Tua est potentia. — Resp. in I Vesp. Off. D. N. J. C. Regis. (*Antiph. Monast.*, *1934*, p. 1203 vel *Solesmens.*, *1935*, p. 1307).

81. Dabit illi. — Ant. ad Cant. *Magnificat* in I Vesp. Off. D. N. J. C. Regis.

82. Vidi Dominum. — Resp. in I Vesp. Fest. Omnium Sanctorum. (*Antiph. Monast.*, *1934*, p. 1204 vel *Solesmens.*, *1935*, p. 1308).

83. Vidi Dominum. — Ant. ad Cant. *Magnificat* in Sabb. ante I Dom. Novembr. (*Liber Usualis, n° 780, 1934*, p. 995).

84. Te gloriosus. — Ant. ad Cant. *Benedictus* in Fest. Omnium Sanctorum. (*Liber Usualis, n° 780, 1934*, p. 1724).

85. Congregati sunt. — Resp. in partibus occidentalibus Galliae compositum, circa saec. decimum. (Cfr. *Revue Grégorienne*, *VIII*, *1923*, p. 14, *XXV*, *1946*, p. 40). Melodia a monachis solesmensibus restituta *(In agendis mortuorum juxta ritum monasticum*, *1941*, p. 151 apud *Desclée, n° 749)*.

86. Jerusalem et Sion. — Sequentia, auctore Adamo a S. Victore (?), (saec. XII) notis recentioribus adornata. (*Variae Preces*, *1892*, p. 247).

87. Urbs Jerusalem. — Textus antiquus hymni *Caelestis urbs Jerusalem* in Officio Dedicationis Ecclesiae; saec. IX, inter process. ad fontes cantabatur. Textus et melodia in *Antiph. Monast.*, *1934*, ad Vesp. et Laudes Dedicationis, p. 694. Cfr. *Revue du Chant grégorien*, *XII*, *1903*, p. 41-48.

88. Pax aeterna. — Ant. ex antiquis Ritualibus gallicis pro Dedicatione; saec. XI. (*Process. Monast.*, *1893*, p. 240).

89. O Virgo virginum. — Antiphona ad Magnificat II Vesp. Officii Exspectationis Partus B. M. V. (18 Dec.). *Antiph. S. R. E.*, *1912*, Pro aliquibus locis, p. [115].
    Ant. de Beata ejusdem generis sed non ejusdem auctoris ac Major. Antiph. O. (17-23 Dec.).

90. Gaude, Dei Genitrix. — Antiphona saec. XI composita, Soto Anselmo attributa. (Cfr. *Revue d'Ascétique et de Mystique, 1929*, p. 389; Brume-Dreves, *Hymnol. Beiträge, II*, p. 23). *Process. Monast., 1893*, p. 167.

91. Ave Maria. — Salutatio angelica secundum formam hodie ubique receptam saec. XIV attestata est : prima pars, usque *in mulieribus*, ex officio Annuntiationis; 2ᵃ pars, adaptatio aevi moderni.

92. Tota pulchra es. — Ant. ex I Vesp. Off. Assumptionis B. M. V secundum Breviarium Fratrum Praedicatorum deprompta Cantico Canticor. 2, 11-13; 4, 7, 8, 10, 11. Moduli musici sunt iidem ac pro *Memorare*, nº 138 (*Nota e Cant. Rom. Seraph., 1951*, p. 397). *Process. Monast., 1893*, p. 274.

93. Immaculatam. — Ant. in Festo Immaculatae Conceptionis B. M. V., 8 Déc. (*Process. Monast., 1893*, p. 121).

94. In hoc cognovi. — R̀. br. in tono solemni pro festo Imm. Conc. B. M. V., 8 Dec. (*Antiph. Monast., 1934*, p. 761 vel *Solesmens., 1935*, p. 767).

95. Beata es Virgo Maria. — Ant. de B. M. V. a Nativ. ad Pascha (*Process. Monast., 1893*, p. 252).

96. O mira res. — Ut supra.

97. O mundi Domina. — Item.

98. Salve virgo singularis. — Rythmus ad B. Mariam Virginem ex Rothomag. codice saec. XIII. (*Variae Preces, 1901*, p. 72).

99. Sancta et immaculata. — Resp. VI in Matutin. Nativitatis Domini, 25 Déc. (*Liber Usualis, nº 780, 1934*, p. 384).

100. Descendit de caelis. — Resp. IV in nocte Nativ. Domini, 25 Déc. juxta ritum monasticum. (*In Nocte Nativ. Dom. juxta ritum mon., 1936*, p. 23). Cfr. *Revue du Chant grég., XI, (1902)*, p. 65-71.

101. Verbum bonum et suave. — Sequentia antiqua de B. M. V. (*Variae Preces, 1892*, p. 90).

102. Stirps Jesse. — S. Fulbertus, Episc. Carnutensis († 1028) tria respons. composuit in hon. Nativ. B. M. V. : *Stirps Jesse, Solem justitiae*, nº 119, et *Ad nutum Domini*, nº 120. (*Revue Grégorienne, XIII, 1928*, p. 121, 168). — (Y. Delaporte, *Ordinaire chartrain au XIIIᵉ s., 1952*, p. 251 sq.). Melodia ex *Antiph. Monast. Solesmens., 1935*, p. 1305.

103. Omnis expertem. — Hymnus in II Vesp. Off. Apparition. B M. V. (11 Febr.). Melodia ex *Antiph. Monast. Solesmens. 1935*, p. 844.

104. Mittit ad Virginem. — Sequentia anglica, mendose Petro Abailardo attributa, saec. XI composita.

105. Stabat Mater. — Textus a fr. Jacopone da Todi, O. F. M., celebri poeta († 1306). Cantus traditionalis, praesertim in Gallia, a saec. XVI-XVII.
Melodia sequentiae in Missa Septem Dolorum B. M. V. est Dom. Fonteinne, monach. Solesmens. († 1870). (*Nota e Cant. Rom. Seraph., 1951,* p. 395). Textus receptus mendosus. Textus originalis in Blumes-Dreves, *Analecta hymnica,* p. 54, 312.

106. Vadis propitiator. — Resp. e liturgia bizantina, de graeco in latinum translatum. *Paléogr. Music. Solesm. XIV,* p. 279 sv. Melodia e *Paroissien romain à l'usage du diocèse de Rouen, 1937,* p. (207). Cfr. *Revue du chant grégorien, IV, 1895,* p. 17-20.

107. Summae Deus clementiae. — Hymn. ad Laudes Off. Septem Dolorum B. M. V., 15 Sept. Auctor est Callistus Palumbella, Ord. Serv. B. M. V., saec. XVIII. Melodia Vaticana.

108. O quot undis lacrimarum. — Hymn. ad Matutin. Off. Septem Dolorum B. M. V., 15 Sept. Ejusdem auctoris ut praecedens. Melodia vatic. ex *Antiph. S. R. E., 1912,* p. 710.

109. Fasciculus myrrhae. — Resp. br. in I Vesp. Off. Sept. Dol. B. M. V. (*Antiph. Monast., 1934,* p. 1044 vel *Solesmens., 1935,* p. 1124).

110. Defecerunt. — Resp. br. ad Laudes Off. Sept. Dol. B. M. V. (*L. c.,* p. 1048 vel 1128).

111. Concordi laetitia. — Rythmus ad B. M. V., saec. XIII, cfr. *Rassegna Gregor., 1908,* col. 319-320. Melodia e prosa *Orientis partibus.* (*Variae preces, 1892,* p. 145).

112. Maria Virgo. — Antiphona ex antiquis antiphonariis. (*Process. Monast., 1893,* p. 258).

113. Regina caeli. — Textus est Gregorii V., saec. X; melodia originalis hujus Antiphonae, saec. X.
Ant. pro Temp. Pasch. in « *Process. Monast.* », *1893,* p. 257.
Ant. ad Cant. *Benedictus* et *Magnificat* Off. B. M. V. in Sabb. Tempor. Pasch. (*Antiph. Monast., 1934,* p. 718).
Tonus solemnis in fine Off. est saec. XIII.
Melodia simplificata cantus praecedentis, saec. XVII.

114. Paradisi portae. — Ant. II ad Matutinum in festo Assumptionis B. M. V. cum Ps. 44 super antiquam melodiam. Cfr. *Revue du Chant grégorien, IV, 1896,* p. 177-183. (*Variae Preces, 1892,* p. 192).

115. Ascendit Christus. — Textus depromptus est ex sermone Paschasii Radberti, mon. Corbeiensis, de Assumptione; antiphona forsitam composita in Normandia. Cfr. *Revue du Chant grégorien, III, (1895),* p. 179-182. (*Paroissien Romain à l'usage du dioc. de Rouen, 1937,* p. 205).

116. Super salutem. — Resp. IV ad Matut. Assumptionis B. M. V.
sec. ritum monasticum. Melodia ex *Paroissien rom. à l'usage
du dioc. de Rouen, 1937*, p. 205.
Cfr. Resp. in *Process. Monast., 1893*, p. 111, pro dominicis
Augusti. *Super salutem... dilexi sapientiam et proposui pro
luce habere illam...*

117. O quam glorifica. — Hymnus saec. X ex antiquo Officio
Assumption. B. M. V. (*Nota e Cant. Rom. Seraph., 1951*,
p. 387). In *Antiph. Monast. Solesm., 1935*, p. 978, melodiam
emendatam invenies.

118. Virginitas caelum. — Resp. saec. XIII ex Liturgia Senonensi.
(*Variae Preces, 1901*, p. 203).

119. Solem justitiae. — Cfr. supra nº 102. Melodia e *Paroiss. rom.
à l'usage du diocèse de Rouen, 1937*, p. (206).

120. Ad nutum Domini. — Cfr. supra nº 119. (*L. c.*, p. 189).

121. Virgo Maria. — Ant. ex antiphonariis italicis. (*Process.
Monast., 1893*, p. 186).

122. Dei Matris cantibus. — Rhythmus de Mysteriis B. M. V.
a Guidone de Bazochio, cantore Catalaunens. († 1203)
compositus. (*Variae Preces, 1892*, p. 212).

123. Omni die. — Rhythmus ex *Mariali* Bernardi Morlanensis,
mon. Cluniacensis, c. 1140. (*Variae Preces, 1892*, p. 214).

Antiphonae pro Mysteriis Rosarii.

Angelus Domini. — Ant. ad *Benedictus* pro Laudibus feriae II
post dom. 1 Adv. (Vatic.).

Intravit Maria. — Ant. 2ª ad Vesperas Visitationis B. M. V.
(Vatic.).

Genuit puerpera regem. — Ant. 2ª pro Laudibus Nativitatis
Domini. (Vatic.).

Cum inducerent. — Ant. ad *Benedictus* pro Laudibus Puri-
ficationis B. M. V., feb. 2. (Vatic.).

Non invenientes. — Ant. 3ª ad II Vesp. S. Joseph, Mart. 19.
(Vatic.)

O vos omnes. — Resp. V ad Matutinum Sabbati Sancti.
(Vatic.).

Pater, si non potest. — Ant. ad communionem dominici II
Passionis seu in palmis. (Vatic.).

A planta pedis. — Ant. 4ª ad Vesperas pro festo 7 Dolorum
B. M. V., die 15 Sept. (Vatic.).

Faciem meam. — Ant. 1ª ad Laudes feriae II hebd. sanctae.
(Vatic.).

Per signum crucis. — Ant. 5ª ad Vesperas Inventionis
S. Crucis D. N. J. C., die 3 Maii. (Vatic.).

Oblatus est. — Ant. 5ª ad Laudes feriae Vᵃᵉ in Cena Domini.
(Vatic.).

Gloriosa sunt dicta. — Ant. ad communiqnem missae pro
festo Imm. Concept. B. M. V., die 8 Dec. (Vatic.).

Quinque antiphonae pro tertia quinquagena seu parte
gloriosa sunt antiphonae ad II Vesperas Ss.mi Rosarii
B. M. V., die 7 Oct.

124. **Caelestis aulae Nuntius.** — Hymnus in I Vesp. SS. Rosarii,
7 Oct.

In monte olivis consito. — Hymnus in Matut. SS. Rosarii.

Jam morte victor obruta. — Hymnus ad Laudes SS. Rosarii.
Trium hymnorum auctor est P. Eustachius Sirena, O. P.
(† 1758).

125. **Exaltata est.** — Ant. de Assumptione ex antiquis antiphonariis. (*Process. Monast., 1893*, p. 278).

126. **Languentibus in Purgatorio.** — Rhythmus. Auctor est probabiliter Johannes a Langouëznou, Abbas Landevenec in
Britannia minori, saec. XIV. (*Variae Preces, 1901*, p. 239).

127. **Ave maris stella.** — Melodia hymn. ad Vesp. Off. B. M. V.
in Sabbato.

Textus adscribebatur Venantio Fortunato, Episc. Picta-
viensi († 606), sed probabilius est post saec. IX-X. Melodia
originalis est ea quam praebet Antiph. Roman. 2º loco
(Mod. IV); musica quae traditur 1º loco, est initii saec. XII;
forse est originis gallicae. (*Nota e Cant. Rom. Seraph.,
1951*, p. 374).

128. **Ave Maria... virgo serena.** — Sequentia Germanica saec. XI-XII.
(*Variae Preces, 1901*, p. 46).

129. **Ave Maria.** — Resp. br. (*Antiph. Monast., 1934*, p. 1181, vel
Solesmens., 1935, p. 1283).

130. **Ave Maria.** — Item pro tempore paschali.

131. **Ave mundi spes Maria.** — Sequentia e Germania meridional.,
saec. XII. (*Variae Preces, 1892*, p. 44).

132. **Quem terra, pontus.** — Hymnus in Comm. Fest. B. M. V.
ad Matutinum. Auctor est Venantius Fortunatus, Episc.
Pictaviensis, († 606). Melodia hymn. Horarum in Off.
SS. Cordis Jesu. (*Antiph. Monast., 1934*, p. 568).

133. **Beata Dei Genitrix.** — Ant. ad *Benedictus* pro Officio B. M. V.
in Sabbato (Vatic.); 1ª pars *Beata... Jesu Christo* est ant.
ad Vesperas Praesentationis B. M. V., die 21 Nov.

134. Candida virginitas. — Resp. ex libro *de Virginitate* Aldhelmi de Sherborne († 710) desumptum; melodia e codd. saec. XII (S. Corbin, *Essai sur la musique religieuse portugaise, 1952,* p. 360). (*Process. Monast., 1893,* p. 264).

135. Gaude Maria Virgo cum **Inviolata.** — Resp. *Gaude,* saec. IX attestatum est (v. *Ephemer. liturg., 1948,* p. 321-353). Super melodiam longiorem verbi *inviolata* tropus saec. XI compositum est. (v. Kirchenmusik, 1908, p. 41-48).

Melodia ex *Variae Preces, 1901,* p. 130 et 38. Melodia emendata in *Antiph. Monast., 1934,* p. 1195, vel *Antiph. Solesmens., 1935,* p. 1298, cum ℣. *Gabrielem Archangelum...* Cfr. *Revue du Chant grégorien, II, (1893),* p. 19-22; *VI, (1898),* p. 189-193.

136. Magnificat cum Alleluia. — Tonus antiquus, quo quidam Psalmi decantabantur in certis solemnitatibus. (*Nota e Cant. Rom. Seraph., 1951,* p. 384).

137. Mater Christi. — Cfr. Ant. ad *Magnif.* in I Vesp. fest. B. M. V.; cfr. etiam ant. n⁰ 133 in hoc libro. (*Process. Monast., 1893,* p. 279).

138. Maria Mater gratiae. — Pars hymn. « *Memento rerum Conditor* » in Compl. Off. Parvi B. M. V. (Vatic.).

139. Memorare. — Prex devota saec. XV attestata, a patre Cl. Bernard († 1641) ubique divulgata. (Cfr. *Ami du Clergé, 1924,* p. 787-788). Melodia ex ant. *Tota pulchra es* (n⁰ 92) deprompta.

140. O gloriosa Dei Genitrix. — Ant. de B. M. V., per Annum. (*Process. Monast., 1893,* p. 272).

141. O gloriosa Virginum. — Hymnus ad Laudes de Comm. fest. B. M. V. (Vatic.). Textus originalis incipit *O gloriosa Domina.* et differt aliquantulum. Vide in *Antiph. Monast., 1934,* p. 709. Cfr. *Revue du Chant grégorien, XI, 1902,* p. 1-9. Hymnus a carmine *In laudem S. Mariae* Venantii Fortunati († 606) inspiratus. (G. M. Dreves, *Hymnol. Studien zu Ven. Fortun., 1908,* p. 54).

142. O Virgo Maria. — Ant. de B. M. V. per Annum. (*Process. Monast., 1893,* p. 273).

143. Salve Mater misericordiae. — Strophae selectae e prolixo poemate quod anonymus Carmelita in pium suorum usum cecinit; moduli musici compositi sunt a Dom. J. Pothier, O. S. B. († 1923). (*Nota e Cant. Rom. Seraph., 1951,* p. 393).

Cfr. *Revue du Chant grégorien, VII, (1898),* p. 85-87. *Rassegna greg., II, 1903,* p. 320; *Revue S. Chrodegang, 1923,* p. 10-11.

144. Salve virginale. — Resp. de B. M. V. per Annum. (*Process. Monast.*, *1893*, p. 265).

145. Sancta Maria. — Antiphona ex codd. Galliae meridionalis. (*Vesperale O. P.*, p. 682, *Process. Monast.*, *1893*, p. 278).

146. Sub tuum praesidium. — Inde a saec. XII, ant. ad *Nunc dimittis* pro Completorio in Officio parvo B. M. V. Melodia emendata in *Antiph. Monast.*, *1934*, p. 1258 (vel *Solesmens.*, p. 1364).

Textus antiquissimus (saec. III) ex Liturgia Byzantina. Probabiliter duxit ortum ex Ægypto ante concilium Ephesinum (431) — « Dei Genitrix = Theotokos ». Cfr. P. Feuillon Mercenier in *Le Muséon*, 52, *(1939)*, p. 229-233; *Quest. liturg. et paroiss.*, *1940*, p. 33-36; *Ephem. liturg.*, *1942*, p. 169-171; *1946*, p. 56-64; *1948*, p. 408-409.

Melodia (Vatic.) utitur solitis formulis mod. VII.

147. Virgo Dei Genitrix. — Hymnus e *Variae Preces*, *1901*, p. 42. (In manuscriptis circa finem saec. XI). Cfr. n° 148 infra.

Melodia emendata in *Antiph. Monast. Solesm.*, *1935*, p. 981.

148. Virgo Dei Genitrix. — *Process. Monast.*, *1893*, p. 272. Ant. (saec. IX) pro tempore Nativitatis. Textus in sermone Paschali Radberti (IXᵉ s.). Lectio *Vera fides Geniti*, probabiliter est mendosa; lectio antiqua hic esset : *Vera fide genitus*.

Cfr. *Revue grégorienne*, *1952*, p. 201-209. — Cfr. etiam Gradualis *Benedicta et venerabilis*. ℣. idem ac 1ᵃ pars antiph.

149. Virgo parens Christi. — Ex antiquo antiphonario Ord. Praedic. Melodia emendata super responsorium *Homo quidam*. Cfr. annotationem supra, n° 27.

150. Litaniae Lauretanae B. M. V. — Invocationes aliquae jam saec. XII inveniuntur, in libris praesertim Ord. Cisterciensis. « Inde a saec. XV, variis sub formis usu receptae erant. Sub forma actuali (praeter nonnullas additiones posteriores) jam impressae sunt a. 1558 in Dillingen, probabiliter opera S. Petri Canisii. Melodia traditionalis. » (*Nota e Cant. Rom. Seraph.*, *1951*, p. 383).

Cantus II et III in *Process. Monast.*, *1893*, p. 286 et 284.

151. Invocavi Dominum. — Resp. br. in Vesperis S. Joseph, 19 Mars. (*Antiph. Monast.*, *1934*, p. 838, vel *Solesmens.*, *1935*, p. 869).

152. Constituit eum. — Resp. br. in Solemnitate S. Joseph. (*Antiph. Monast.*, *1934*, p. 883, vel *Solesmens.*, *1935*, p. 911).

153. Caelitum Joseph. — Hymnus (Vatic.) ad Matutinum festi S. Joseph (die 19 Mart.). Ejusdem auctoris ac n° 155.

154. Jam laetus moriar. — Gen. 46, 30; 48, 11, 15, 16. *Paroissien Romain à l'usage du diocèse de Rouen, 1937,* p. (193).

155. Iste quem laeti. — Hymnus ad Laudes Officii S. Joseph (die 19 Mart.).
Melodia ex *Antiph. Monast., 1934,* p. 844 vel *Solesmens., 1935,* p. 875.
« Hymnus attribuitur R. P. Juan Escallar de la Concepción, Ord. Carm., et approbatus a S. Rit. Congr., 21 Nov. 1671. Cfr. *Revue Grégor., XI, (1926),* p. 1-12; Wilmart, *Auteurs spirituels..., Paris, 1932,* p. 559-570. — *Eph. Lit., 64, (1950),* p. 293 ». *(Nota e Cant. Rom. Seraph., 1951,* p. 382).

156. Iste Confessor, patriarcha. — Hymn. Brev. Praemonstrat., saec. XVI. Melodia hymn. « *Iste Confessor* » in Comm. Conf. non Pont. in Vesperis.

157. O felicem virum. — Textus compositus a Joanne Gerson, Cancellario ecclesiae Parisiensis, circa a. 1400, ex verbis S. Bernardi, *Super Missus est II,* circa finem.
Variae Preces, 1901, p. 126.

158. Laeto cantu. — Sequentia ex Liturgia Lugdunensi. Melodia e *Offices et Messes propres du diocèse de Bayeux et Lisieux, 1935,* p. (292).
Vide aliam melodiam et textum longiorem in *Variae Preces, 1901,* p. 124.

159. Ecce Angelus. — Ant. in I Noct. Off. S. Joseph, 19 Mart. *(Liber Respons., 1895,* p. 303).

160. Laetare alma mater. — *Process. Monast., 1893,* p. 150. Dom Pothier O. S. B. († 1923) est auctor melodiae.

161. Laudemus Deum. — Invitatorium in Festo Patroc. S. Joseph. *(Liber Respons., 1895,* p. 435).

162. Fidelis servus. — Resp. in I Vesp. Fest. S. Joseph. *(Antiph. Monast., 1934,* p. 1193, vel *Solesmens., 1935,* p. 1296).

163. Litaniae S. Joseph. — Approbatae a S. R. C., 18 Mart. 1909. Melodia ex libris Solesmensibus *(Nota e Cant. Rom. Seraph., 1951,* p. 383). Cf. *Revue du Chant grégorien, XVIII, 1909,* p. 37-40.

164. Quis olim. — Sequentia, ex Liturgia Lugdunensi. *(Variae Preces, 1901,* p. 178).

165. Inter natos mulierum. — Resp. br. in Vesp. Fest. S. Joan. Baptist. *(Antiph. Monast., 1934,* p. 921, vel *Solesmens., 1935,* p. 991).

166. Item.

167. O nimis felix. — Hymn. ad Laudes in Nativ. S. Joan. Baptist.
Auctor est Paulus Diaconus († 799). Melodia ex italicis
hymnariis. (*Antiph. Monast.*, *1934*, p. 926, vel *Solesmens.*,
1935, p. 996).

168. Praecursor Domini. — Resp. VII ad Matut. in Nativ. S. Joan.
Baptist. (*Antiph. Monast.*, *1934*, p. 1197, vel *Solesmens.*,
1935, p. 1300).

169. Roma Petro glorietur. — Prosa. Textus et Melodia Adami
a S. Victore, saec. XII.

170. Hodie illuxit. — Antiphona ex Wigorniensi antiphonario.
(*Proces. Monast.*, *1893*, p. 161).

171. Redemisti nos. — Resp. br. in Vesp. Pretioss. Sang.
D. N. J. C. (*Antiph. Monast.*, *1934*, p. 946, vel *Solesmens.*,
1935, p. 1016).

172. Salvete, Christi vulnera. — Hymn. ad Laudes Pretioss. Sang.
D. N. J. C., saec. XVIII? (*Antiph. Monast.*, *1934*, p. 950,
vel *Solesmens.*, *1935*, p. 1022).

173. Gaude, mater Anna. — Hymn. ad Matut. sanct. Joachim
et Annae. In Brev. saec. XVI. (*Antiph. Monast.*, *1934*,
p. 985, vel *Solesmens.*, *1935*, p. 1060).

174. Rex summe regum. — Hymn. in I Vesp. Off. S. Ludovici,
Regis, Conf. Textus in «*Acta Ordinis Fratrum Minorum*».
Melodia hymn. «*Decora lux*» in Off. SS. Ap. Petri et Pauli,
29 Jun. (Vatic.).

175. Christe sanctorum. — Hymn. ad Laudes Off. S. Michaelis,
Archang., 29 Sept. Auctor est Rabanus Maurus († 856).
(Vatic.).

176. Regnum mundi. — Resp. VIII ad Matut. in Comm. non
Virg.; in Pontif. rom., ad consecrationem Virginum. Inser-
vivit pro melodia *Agnus Dei IX*. Cfr. *Revue du Chant
grég.*, *1898*, p. 33; *1900*, p. 185; *1910*, p. 173.
Melodia emendata a monachis Solesmens. pro monialibus
O. S. B., 1952.

176bis. Regnum mundi. — Melodia manuscriptis germanicis excerpta.
(*Paroissien Romain à l'usage du diocèse de Rouen*, *1937*, p. (186).

177. Gaude Sion. — Sequentia. Textus et melodia adscribuntur
Adamo de S. Victore, saec. XII. (*Offices et Messes propres
du Dioc. de Bayeux et Lisieux*, *1935*, p. (306).)

178. O Martine. — Ant. a S. Odone, abbate Cluniacensi composita.
(*Paroissien romain à l'usage du diocèse de Rouen*, *1937*,
p. (228).

179. Martine, par Apostolis. — Hymn. ad Laudes Off. S. Martini.
(*Antiph. Monast. Solesmens.*, *1935*, p. 1210).

180. O beatum virum. — Resp. VII ad Matut. in Off. S. Martini.
(*Antiph. Monast. Solesmens.*, *1935*, p. 1309).

181. **Salve turba duodena.** — Prosa ex antiqua Liturgia Parisiensi. (*Variae Preces, 1901*, p. 252).

182. **O gloriosi Apostoli.** — Ant. ex normannis et anglicis antiphonariis. (*Parois. rom. à l'usage du dioc. de Rouen, 1937*, p. (182).

183. **In hymnis.** — Resp. pro Dominicis Octobris cum versu proprio. (*Procession. Monast., 1893*, p. 115).

184. **Hostium victrix.** — Hymn. ad Laudes Off. S. Joann. de Arc.

185. **Tu es Petrus.** — Ant. in I Vesp. Off. SS. Apost. Petri et Pauli, 29 Jun. (Vatic.).

186. **Tu es pastor ovium.** — Ant. ad Canticum *Magnificat* in I Vesp. Off. SS. Apost. Petri et Pauli, 29 Jun. (Vatic.).

187. **Oremus pro Pontifice.** — Cantus I. Textus psalmi 40, v. 1. Auctor melodiae est Dom Pothier O. S. B. († 1923).

188. **Oremus pro Antistite.**

189. **Da pacem Domine.** — Antiphona «*Pro Pace*», ex antiquo Antiphonali Romano.

190. **Pacem tuam.** — Ant. olim ad Completorium usurpata. (Ex Liturgia Franco-Romana). Cfr. *Revue du Chant grégorien, V, 1896*, p. 177-183.

191. **Tua est potentia.** — Ant. ad Canticum *Magnificat* in Sabbato ante Dominicam V Octobris. (Vatic.)

192. **Deus omnium.** — Ant. pro pace. (*Offices et Messes propres du diocèse de Bayeux et Lisieux et Chants des Saluts, 1935*, p. (233).

193. **Te Deum laudamus.** — Hymnus saec. V, ignoti auctoris (Vatic.). Cfr. artic. *Te Deum* in *Dict. d'Archeol. et Liturg.* (Dom Leclerc O. S. B.).

194. **Te Deum laudamus.** Tonus simplex saec. XVII.

195. **Te Deum Patrem.** — Ant. ad *Magnificat* in II Vesp. SS. Trinitatis, (Vatic.), auctore Stephano († 920) episc. Leodiensi.

196. **Tantum ergo I.** — Tonus hymni *Pange lingua* ad Vesp. Corporis Christi. (Vatic.).

   Olim servabatur ad hymn. *Pange lingua gloriosi prœlium certaminis* Officii in Tempore Passionis. Haec melodia tertii modi educta est saec. XIII e melodia primi toni. (Cfr. *Revue Grégorienne, 1948*, p. 130-141).

197. **Tantum ergo II.** — Ex *Pange lingua II* (Vatic.). *Tantum* dictum «italicum», propius melodiae primitivae ac tonus praecedens : melodia germina invenitur in *Antiph. Monast., 1934*, p. 547. (Cfr. *Revue Grég.*, supra l. c.).

198. Tantum ergo III. — Cantus « modernus », saec. XVIII-XIX; in origine musica mensurata, probabiliter a musico anglico Webbe; cfr. *Revue Grégorienne, 1925,* p. 66. Secundum alios provenit a John Francis Wade, circa 1740; cfr. I. Stephan O. S. B., The *Adeste fideles,* Buckfast Abbey, 1947. (*Nota e Cant. Rom. Seraph., 1951,* p. 396).

199. Tantum ergo IV. — Cantus mozarabicus a Dom. Suñol, O. S. B. († 1945) restitutus. *Revue du Chant grégorien, 1904,* p. 5-10; *Rev. Montserr., 1909,* p. 293-297.

200. Tantum ergo V. — Melodia hymni antiqui « *Tibi Christe splendor Patris* » in I Vesp. Dedicat. S. Michaelis Archang. (*Antiph. Monast., 1934,* p. 1056, vel *Solesmens., 1935,* p. 1137).

201. Tantum ergo VI. — Melodia hymni « *O quot undis lacrimarum* », n⁰ 108.

202. Tantum ergo VII. — Melodia hymn. ad S. Stephanum in « *Variae Preces* ». (*Antiph. Monast. Solesmens., 1935,* Suppl. *Ad Bened. SS. Sacram.,* p. 6*).

203. Tantum ergo VIII. — Melodia ambrosiana antiquior. (*Antiph. Mediolan., 1935,* p. 640).

204. Tantum ergo IX. — Melodia hymni antiqui « *Urbs beata Jerusalem* », n⁰ 87.

205. Tantum ergo X. — Melodia hymni « *Alleluia, dulce carmen* », in Sabb. ante Septuagesimam, excerpta e manuscr. S. Gall. 546, f. 76v.

206. Tantum ergo XI. — Melodia ad libitum vers. hymn. « *Lustris sex* » in feria VI in Passione et Morte Domini, excerpta e manuscr. tolosano, nunc Londinens. B. M. Harl. 4951, (saec. XI), f. 90.

207. Tantum ergo XII. — Melodia antiphonae rhythmicae. Ambrosiana. Versio typica a Dom. Suñol, O. S. B. († 1945) restituta.

208. Tantum ergo XIII. — Ut supra, n⁰ 207.

209. Tantum ergo XIV. — Melodia antiphonae « *Crux fidelis* », quae invenitur in plerisque antiquis Codicibus.

210. Tantum ergo XV. — Melodia excerpta e Codicibus Fiscannen. (saec. XII-XIII).

211. Cor Jesu sacratissimum.

212. Cor Jesu sacratissimum.

213. Adoremus in aeternum. — Cfr. *Revue du Chant grégorien, 1895-1896,* p. 45; *Sept. Oct. 1910,* p. 27.

214. Adoremus in aeternum. — Melodia e *Paroissien romain à l'usage du diocèse de Rouen, 1937,* p. (231).

215. Laudate Dominum. — Mod. 3. a, cum tenore antiquo. (*Antiph. Monast. Solesmens.*, *1935*, p. 1318).

216. Laudate Dominum.

217. Laudate Dominum. — Tonus irregularis. (*Antiph. Monast. Solesmens.*, *1935*, p. 1325).

218. Laudate Dominum. — Tonus *ad libitum* pro Tempore Paschali.

219. Laudemus Dominum. — Ant. in Vesperis Off. SS. Angelorum Custodum, die 2 Oct. Versio melodica ex *Antiph. Monast.*, *1934*, p. 1067 vel *Solesmens.*, p. 1150.

220. Benedicam Dominum. — Resp. br. in Vesp. Feriae. (*Antiph. Monast.*, *1934*, p. 136).

221. Benedicta sit. — Ant. olim ad Mandatum fer. V in Cena Domini. (Vatic.).

222. Te decet laus. I. — Hymnus post evangelium circa finem Matut. juxta ritum monasticum. *Reg. S. Benedicti, cap. XI.* Melodia e *Antiph. Monast.*, *1934*, p. 1269 vel *Solesmens.*, *1935*, p. 1366.

Jam in « *Constit. Apostol.* » (saec. IV) mentio fit, cap. VII. Cfr. *Revue du Chant grégorien, XXI, 1913*, p. 161-168.

223. Te decet laus. II. — Melodia e processionalibus Cluniacensibus (1632) ac SS. Vitoni et Hydulphi (1636).

Antiph. Monast. l. c. supra.

224. Te laudamus. — Transitorium (e Liturgia ambrosiana), i. e. antiphona ad communionem pro dom. IV post Epiph. in *Antiph. Missar. Mediolan.*, *1935*, p. 81.

Cfr. *Paléographie musicale, V*, p. 17-22.

225. Cantate Domino. — Ant. ad Cantic. *Magnificat* in Feria VI[a] infra Hebd. II Adventus, cum Psalmo 150.

226. Venite, adoremus. — Ant. ex antiquo officio Epiphaniae (*Supp. ad Antiph. Monast.*, n° 819 F) cum Ps. 94 juxta novum psalterium.

227. Misericordias Domini. — (*Offices et Messes propres de Bayeux, 1935*, p. 311).

228. Alleluia, psallite. — Ut supra, n° 58.

229. Benedictus es. — Hymn. in Sabbato Quatuor Temporum ad Missam post V lectionem. (*Liber Usualis, n° 780, 1934*, p. 348).

230. Christus vincit. — Laudes regiae aevi carolini (B. Opfermann, *Die liturg. Herrscherakklamationen...* Weimar, 1953). Cfr. *Revue du Chant grégorien, XXVI, 1922*, p. 1-8.

231. Christus apparuit. — Invitatorium pro festo Epiphaniae Domini cum 1º versu Ps. 94. Melodia (Vatic.) pro festo Nativ. Dom.

232. O sacrum convivium. — Ant. ad Magnificat pro II Vesperis festi Corp. Christi. Melodia ex *Antiph. Monast.*, *1934*, p. 555.

233. Regnantem sempiterna. — Cfr. annotationem supra, nº 32.

234. Veni, Redemptor gentium. — Hymnus S. Ambrosii († 397) in nocte Natalis Domini. Adhuc in usu pro I Vesp. Nativ. in quibusdam familiis religiosis et in Liturgia ambrosiana. Melodia ex *Antiph. Monast.*, *1934*, p. 171 ad Horas minores Nativ.

235. Adeste fideles. — Canticum, auctore J. F. Wade, in Duacensi collegio, praeceptore c. 1740 (Cfr. Dom. J. Stephan, *L'Adeste fideles*, Desclée, nº 717).

236. Verbum caro factum. — R7. br. ex *Antiph. Monast.*, *1934*, p. 248 pro II Vesp. Nativ. Domini.

237. Domine, ne in ira tua. — Resp. I ad Matutinum pro dominicis post Epiphaniam. (*Liber Responsorialis, Solesmis, 1895*, p. 398).

238. Ecce vicit leo. — Responsorium I ad Matutinum Feria IV infra octavam Paschae. (Vatic.).

239. O filii et filiae. — Cantio fr. Joannis Tisserand O. F. M. († 1494) : moduli e Provincia saec. XIII. (*Tribune de St. Gervais, 1907*, p. 83; *Ami du Clergé, 1950*, p. 125-128).

240. Ave, Maria. — R7. br. ex *Antiph. Monast.*, *1934*, p. 703 pro festis B. M. V.

241. Angelus Domini. — R7. br. ex *Antiph. Monast.*, *1934*, p. 859 (vel *Solesmens.*, *1935*, p. 891) pro festo Annunt. B. M. V.

242. Beata es, Virgo Maria. — Resp. VI ad Matutinum in festo Assumptionis B. M. V. Melodia Vatic. approbata a S. R. C., 1952.

243. Lux alma Jesu. — Hymnus ad Laudes in festo Transfigurationis D. N. J. C., die 6 Aug. Textus originalis (an. 1456) sic incipit : *Amor Jesu dulcissime*. Melodia ex *Antiph. Monast.*, *1934*, p. 1000 (vel *Solesmens.*, *1935*, p. 1076).

244. Gaude Sion. — (Cum notis recentioribus, saec. XIX).

INDEX ANALYTICUS.

In honorem SS. Sacramenti.

Num.   Pag.

21 Adoramus te *(Ant.)* . . 18
12 Adoro te devote *(Hymn.)* . 11
11 Ave verum *(Trop.)* . . . 10
52 Ave rex noster *(Ant.)* . . 57

25 Christum regem *(Invit.)* . 21
231 Christus apparuit *(Invit.)*. 270
17 Cibavit illos I (℞. *br.)* . . 14
18 » » II (℞. *br.)* . 15

13 Ecce panis *(Seq.)* . . . 12
14 Ego sum panis I *(Ant.)* . 13
15 » » II *(Ant.)* . 13
16 » » III *(Ant.)*. 14

19 Gustate *(Ant.)* 15

27 Homo quidam *(Resp.)* . . 24

29 Immolabit hædum *(Resp.)* 25

37 Jesu decus *(Hymn.)* . . 37
22 Jesu dulcis amor *(Hymn.)* 18
38 Jesu dulcis memoria
     (Hymn.) 38
24 Jesu nostra refectio *(Hymn.)* 21

23 O panis dulcissime *(Seq.)* . 20
232 O sacrum convivium *(Ant.)* 271
1 O Salutaris hostia I . . . 5
2 » » II . . 5
3 » » III . . 6
4 » » IV . . 6
5 » » V . . 7
6 » » VI . . 7
7 » » VII . . 8

Pange lingua *(Hymn.)* . . 286
8 Panis angelicus I 8
9 » II . . . 9
10 » III . . . 9

Num.   Pag.

196 Tantum I *(Pange)* . . 241
197 » II *(Pange)* . . 242
198 » III *(Modern.)* . 242
199 » IV *(Mozarab.)* . 243
200 » V *(Tibi Chr.)* . 244
201 » VI *(O quot und.)* 244
202 » VII *(Sancte Dei)* 245
203 » VIII *(Ambros.)* . 246
204 » IX *(Urbs Jer.)* . 247
205 » X *(All. dulce)* . 247
206 » XI *(Lustris sex)* 248
207 » XII *(Ambros.)* . 249
208 » XIII *(Ambros.)* . 250
209 » XIV *(Crux fidelis)* 250
210 » XV 251

20 Ubi caritas 17
28 Unus panis *(Resp.)* . . . 25
226 Venite adoremus *(Ant.
     cum Ps.)* 259
26 Venite populi *(Ant.)* . . 23

In honorem SS. Cordis Jesu.

69 Auctor beate *(Hymn.)* . . 84
70 Cor arca *(Hymn.)* . . . 85
71 Cor Jesu amantis. *(Ant.)* . 86
72 Cor Jesu caritatis I . . . 87
73 » » II . . 88
211 Cor Jesu sacratissimum I . 252
212 » » II. 252

40 Ego dixi, Domine (℞. br.). 41

77 Litaniae SS. Cordis Jesu . 92
243 Lux alma Jesu *(Hymn.)* . 280

74 O quantum in cruce *(Ant.)* 89

172 Salvete Christi vulnera
     (Hymn.) 211
76 Sicut dilexit me *(Resp.)* . 91
75 Summi Parentis *(Hymn.)* . 90

In honorem B. Mariae V.

Num.		Pag.
120	Ad nutum Domini *(Resp.)*.	140
136	Alleluia, Magnificat . . .	169
241	Angelus Domini *(℞. br.)* .	278
115	Ascendit Christus *(Ant.)* .	136
91	Ave Maria *(Ant.)* . . .	112
128	» *(Seq.)* . . .	159
240	» *(℞. br. simp.)* .	278
129	» *(℞. br. sol.)* .	161
130	» *(℞. br. T. P.)* .	162
127	Ave maris stella *(Hymn.)* .	159
131	Ave mundi spes *(Seq.)* . .	162
133	Beata Dei Genitrix *(Ant.)* .	166
95	Beata es *(Ant.)*	115
242	Beata es *(Resp.)*	279
134	Candida virginitas *(Resp.)*.	166
124	Caelestis aulae *(Hymn.)* .	153
111	Concordi laetitia *(Rhythm.)*	131
110	Defecerunt *(℞. br.)*. . .	131
122	Dei Matris cantibus *(Rhythm.)*	142
100	Descendit de caelis *(Resp.)*	118
125	Exaltata est *(Ant.)* . . .	157
109	Fasciculus myrrhae *(℞.br.)*	130
90	Gaude Dei Genitrix *(Ant.)*.	111
135	Gaude Maria Virgo *(Resp.)*	167
	Genuit puerpera *(Ant.)* .	148
	Gloriosa dicta *(Ant.)* . .	151
93	Immaculatam *(Ant.)* . .	114
94	In hoc cognovi *(℞. br.)* .	114
124	In monte olivis *(Hymn.)* .	154
135	Inviolata *(Prosa)* . . .	168
124	Jam morte victor *(Hymn.)*	156
126	Languentibus *(Rhythm.)* .	158
150	Litaniae I, II, III . . .	182
136	Magnificat *(Cant.)* . . .	169
138	Maria Mater *(Hymn.)* . .	172
112	Maria Virgo *(Ant.)* . . .	132
137	Mater Christi *(Ant.)* . .	172
139	Memorare *(Ant.)* . . .	173
104	Mittit ad Virginem *(Seq.)*.	124
140	O gloriosa Dei *(Ant.)* . .	174
141	O gloriosa Virginum *(Hymn.)*	175
96	O mira res *(Ant.)* . . .	115

Num.		Pag.
123	Omni die *(Rhythm.)*. . .	144
103	Omnis expertem *(Hymn.)* .	121
97	O mundi Domina *(Ant.)* .	116
117	O quam glorifica *(Hymn.)*.	137
108	O quot undis *(Hymn.)* . .	129
142	O Virgo Maria *(Ant.)* . .	176
89	O Virgo virginum *(Ant.)* .	111
114	Paradisi portae *(Ant.)* . .	134
132	Quem terra *(Hymn.)* . .	165
113	Regina caeli *(Ant.)* . . .	133
143	Salve Mater *(Rhythm.)*. .	176
144	Salve virginale *(Resp.)*. .	179
98	Salve virgo *(Rhythm.)* . .	116
99	Sancta et immaculata *(Resp.)*	117
145	Sancta Maria *(Ant.)* . .	180
119	Solem justitiae *(Resp.)*. .	139
105	Stabat Mater	126
102	Stirps Jesse *(Resp.)* . .	120
147	Sub tuum *(Ant.)* . . .	180
107	Summae Deus *(Hymn.)* .	128
116	Super salutem *(Resp.)* . .	136
92	Tota pulchra es *(Ant.)* . .	113
106	Vadis propitiator *(Resp.)* .	127
101	Verbum bonum *(Seq.)* . .	119
118	Virginitas caelum *(Resp.)*.	138
147	Virgo Dei Genitrix *(Hymn.)*	181
148	» » *(Ant.)* .	181
121	Virgo Maria *(Ant.)* . . .	141
149	Virgo parens *(Resp.)* . .	182

In honorem S. Joseph.

Num.		Pag.
153	Caelitum Joseph *(Hymn.)*.	190
152	Constituit eum *(℞. br.)* .	189
159	Ecce Angelus *(Ant.)* . .	196
162	Fidelis servus *(Resp.)* . .	197
151	Invocavi Dominum *(℞.br.)*	189
156	Iste confessor *(Hymn.)* .	193
155	Iste quem laeti *(Hymn.)* .	192
154	Jam laetus moriar *(Resp.)*	191
160	Laetare *(Ant.)*	197
158	Laeto cantu *(Prosa)* . .	195
161	Laudemus Dominum *(Invit.)*	197
163	Litaniae	198
157	O felicem virum *(Ant.)* .	194

Pro diversitate Temporum.

Tempore Adventus.

Num.   Pag.
31 En clara vox *(Hymn.)* .   . 29
32 Qui regis sceptra *(Prosa)* . 30
233 Regnantem   sempiterna
    (Prosa) 272
30 Rorate caeli 27

120 Ad nutum *(B. M. V.)* . . 140
241 Angelus Domini *(Ṝ. br.)* . 278
91 Ave Maria *(B. M. V.)* . . 112
90 Gaude Dei *(B. M. V.)* . . 111
89 O Virgo *(B. M. V.)* . . . 111
102 Stirps Jesse *(B. M. V.)* . 120

In Conceptione Immaculata.

241 Angelus Domini *(Ṝ. br.)* . 278
94 In hoc cognovi *(Ṝ. br.)* . 114
93 Immaculatam *(Ant.)* . . 114
92 Tota pulchra es *(Ant.)* . . 113

Tempore Nativitatis.

235 Adeste fideles 274
34 Ecce nomen Domini   . . 33
33 Laetabundus *(Seq.)* . . 31
36 O beata infantia *(Ant.)*   . 36
35 Puer natus *(Ryth.)* . . . 33
234 Veni Redemptor *(Hymn.)* 273
236 Verbum caro *(Ṝ. br.)* . . 275

95 Beata es Virgo *(B. M. V.)*. 115
100 Descendit de... *(B. M. V.)* 118
    Genuit puerpera *(B.M. V.)* 148
96 O mira res *(B. M. V.)*. . 115
97 O mundi Domina *(B.M.V.)* 116
98 Salve Virgo *(B. M. V.)* . 116
99 Sancta et immac. *(B.M. V.)* 117

In Festo S. Nominis Jesu.

37 Jesu decus angelicum . . 37
38 Jesu dulcis memoria   . . 38

Tempore Epiphaniae.

231 Christus apparuit   . . . 270
81 Dabit illi *(Ant. cum Magn.)* 49
39 Illuminare *(Resp.)* . . . 40
226 Venite adoremus 259
101 Verbum bonum *(B. M. V.)* 119

2 Febr. In Purificatione B. M. V.
Num.   Pag.
102 Stirps Jesse *(Resp.)* .   . . 120

11 Febr. In Apparitione B. M. V.
103 Omnis expertem *(Hymn.)*. 121

Tempore Septuagesimae.

40 Ego dixi, Domine *(Ṝ. br.)*. 41
41   »   »   *(Ṝ. br.)*. 41
42 Media vita *(Resp.)* . . . 41

Tempore Quadragesimae.

43 Attende Domine 43
49bis Divinae pacis 54
237 Domine, ne in ira *(Resp.)*. 275
49 Domine non secundum . . 53
48 Exaudi nos Domine . . . 52
44 Miserere et parce. . . . 44
47 Ps. 50 : Miserere mei Deus . 48
45 Parce... ne in aeternum. . 47
46 Parce... quem redemisti . 48

In Annuntiatione B. M. V.

241 Angelus Domini *(Ṝ. br.)* . 278
135 Gaude Maria Virgo *(Resp.)* 167
104 Mittit ad Virginem *(Seq.)*. 124

Tempore Passionis.

21 Adoramus te 18
52 Insurrexerunt *(Resp.)* . . 57
22 Jesu dulcis amor 18
   O vos omnes 149
50 Prosternimus preces   . . 55
172 Salvete Christi vulnera . . 211
51 Salve Crux sancta   . . . 56

110 Defecerunt *(B. M. V.)*   . 131
108 O quot undis *(B. M. V.)* . 129
109 Fasciculus *(B. M. V.)* . . 130
105 Stabat Mater *(B. M. V.)* . 126
107 Summae Deus *(B. M. V.)*. 128
106 Vadis *(B. M. V.)* . . . 127

In die Resurrectionis.

26 Venite populi *(SS. Sacr.)* . 23
54 Salve dies dierum   . . . 60
53 Salve festa dies 59
230 Christus vincit *(Post ben.)*. 263

Tempore Paschali.

Num.   Pag.
55 Christus resurgens . . . 63
238 Ecce vicit leo 276
57 Ego sum Alpha et O . . 66
56 Exsultemus et laetemur . 65
239 O filii et filiae 277
171 Redemisti nos 210
130 Ave Maria *(B. M. V.)* . . 162
111 Concordi laetitia *(B. M. V.)* 131
136 Magnificat. Allel. *(B. M. V.)* 169
112 Maria Virgo *(B. M. V.)* . 132
113 Regina caeli *(B. M. V.)* . 133

58 Alleluia. Lapis *(Post ben.)*. 67
218 Laudate Dñum *(Post bened.)* 254

Tempore Ascensionis.

59 Omnes gentes 68
60 Optatus votis 70
O Rex gloriae *(Ant. ad Magn.*
in II Vesp. Ascen.)
61 Veni Sancte Spiritus . . 73
115 Ascendit Christus *(B.M.V.)* 136
118 Virginitas caelum *(B.M.V.)* 138

S. Joannae de Arc.

183 In hymnis 227
184 Hostium victrix 228

In Festo Pentecostes.

62 Beata nobis gaudia . . . 73
63 Qui procedis 75
133 Beata Dei Gen. *(B. M. V.)*. 166
144 Salve virginale *(B. M. V.)*. 179
229 Benedictus es *(Post bened.)* 260

In Festis S. Crucis.

51 Salve Crux sancta . . . 56
et alia ut in Tempore Passio-
nis (supra).

In honorem SS. Trinitatis
(vel per annum)

65 Adesto sancta Trinitas . 79
64 Duo Seraphim . . . 78
68 Firmator sancte 83
67 Kyrie fons bonitatis . . 81
66 Te sanctum Dominum . . 80
221 Benedicta sit *(Post ben.)* . 255

24 Junii. S. Joannis Baptistae.

Num.   Pag.
164 Quis olim 200
165 Inter natos mulierum . . 202
166 » » . . 202
167 O nimis felix 203
168 Praecursor Domini . . . 204

29 Junii. SS. Petri et Pauli Ap.

170 Hodie illuxit 209
169 Roma Petro glorietur . . 205

1 Julii. Pretioss. Sanguinis.

171 Redemisti nos 210
172 Salvete Christi vulnera . . 211

2 Julii. In Visitatione B. M. V.

136 Magnificat 169
144 Salve virginale 179

26 Julii. S. Annae.

173 Gaude mater Anna . . . 213
102 Stirps Jesse *(B. M. V.)* . 120

15 Aug. In Assumptione B. M. V.

115 Ascendit Christus. . . . 136
125 Exaltata est 157
117 O quam glorifica 137
114 Paradisi portae 134
116 Super salutem 136
118 Virginitas caelum. . . . 138

(In Gallia ad Processionem voti
Regis Ludovici XIII.)

150 Litaniae B. M. V. . . . 182
147 Sub tuum 180

25 Aug. S. Ludovici, Regis.

174 Rex summe regum . . . 214

8 Sept. In Nativitate B. M. V.

120 Ad nutum Domini . . . 140
102 Stirps Jesse 120
119 Solem justitiae 139
121 Virgo Maria. 141

14 Sept. In Exaltatione S. Crucis.

51 Salve Crux sancta . . . 56
et alia ut in Tempore Passio-
nis (supra).

15 Sept. Septem Dolorum B. M. V.
(Ut in Tempore Passionis, 126.)

29 Sept. S. Michaelis Archang.
(et in Festis S. Angelorum.)

Num.   Pag.
175 Christe sanctorum . . . 216
66 Te sanctum Dominum . . 80
219 Laudemus Dominum
   (Post bened.) 255

In honorem SS. Rosarii.

122 Dei Matris cantibus . . . 142
123 Omni die 144
    Antiphonae pro mysteriis . 147
124 Hymni pro mysteriis . . 153

3 Oct. S. Teresiae a Jesu Infante.

176 Regnum mundi 217

In Festo D. N. J. C. Regis.

25 Christum Regem 21
81 Dabit illi 98
78 Te saeculorum Principem . 94
80 Tua est potentia 98
79 Vexilla Christus 96
125 Exaltata est *(B. M. V.)* . 157
116 Super salutem *(B. M. V.)*. 137

In Festo Omnium Sanctorum.

84 Te gloriosus *(Ant.)* . . . 102
82 Vidi Dominum *(Resp.)* . . 101
83 Vidi Dominum *(Ant.)* . . 102

Pro fidelibus defunctis.

85 Congregati sunt 103
126 Languentibus *(B. M. V.)* . 158

11 Nov. S. Martini.

177 Gaude Sion *(in tono antiquo)* 219
244 »   »   *(cum notis recen-*
    tioribus) 281
179 Martine par Apostolis . 223
178 O Martine 222
180 O beatum virum 224

In Dedicatione Ecclesiae.

86 Jerusalem et Sion . . . 104
88 Pax aeterna 109
87 Urbs Jerusalem 107

Pro Apostolis.
Num.   Pag.
182 O gloriosi Apostoli . . . 226
181 Salve turba duodena . . 225

Pro Papa, Episcopo et Pace.
Pro Papa.
187 Oremus pro Pontifice I . . 187
245 »   »   II, III, IV. 283-284
185 Tu es Petrus 230
186 Tu es Pastor ovium . . . 186

Pro Episcopo.
188 Oremus pro Antistite . . 231

Pro Pace.
189 Da pacem 232
192 Deus omnium 233
190 Pacem tuam 232
88 Pax aeterna 109
191 Tua est potentia *(Ant.)* . 232
80 Tua est potentia *(Resp.)* . 98

Pro gratiarum actione.
136 Magnificat. Alleluia . . . 169
193 Te Deum laudamus I . . 234
194 »   »   II . . 237
195 Te Deum Patrem *(Ant.)* . 239
84 Te gloriosus 102

Post benedictionem.
213 Adoremus in aeternum I . 252
214 »   »   II . 253
228 Alleluia, psallite 260
220 Benedicam Dominum . . 256
221 Benedicta sit 256
229 Benedictus es Domine . . 261
225 Cantate Domino 258
230 Christus vincit 264
211 Cor Jesu sacratissimum . 252
212 »   »   . 252
215 Laudate Dominum
    (in tenore antiq.). 254
216 »   *(mod. 6)* . 254
217 »   254
218 »   *(Ton. pasch.)* . 255
219 Laudemus Dominum . . 255
227 Misericordias Domini . . 260
222 Te decet laus I 257
223 »   »   II 257
224 Te laudamus 257
226 Venite adoremus 259

INDEX ALPHABETICUS.

A

Num. / Pag.

235 Adeste, fideles *(T. Nativ.)* 274
65 Adesto, sancta Trinitas *(SS. Trinit.)* 79
120 Ad nutum Domini *(B.M.V.)* 140
21 Adoramus te *(SS. Sacr.)* . 18
213 Adoremus *(Post bened.)* . 253
214 » » . 253
12 Adoro te *(SS. Sacr.)* . . 11
58 Alleluia. Lapis *(T. P.)* . . 67
228 Alleluia. Psallite *(Post bened.)* 260
241 Angelus Domini *(B. M. V.)* 278
115 Ascendit Christus *(15 Aug.)* 136
43 Attende *(T. Quadr.)* . . 43
69 Auctor beate *(SS. Cordis Jesu)* 84
91 Ave Maria *(Ant. B. M. V.)* 112
128 » » *(Seq. B. M. V.)* 159
240 » » *(R̶. br. B. M. V.)* 278
129 » » *(R̶. br. B. M. V.)* 161
130 » » » » 162
127 Ave maris stella *(B. M. V.)* 159
131 Ave mundi spes *(B. M. V.)* 162
11 Ave verum *(SS. Sacr.)* . 10

B

133 Beata Dei Genitrix *(B.M.V.)* 166
95 Beata es *(Ant. B. M. V.)* . 115
242 Beata es *(Resp. B. M. V.)* 279
62 Beata nobis *(Pentec.)* . . 73
220 Benedicam Dominum *(Post bened.)* 256
221 Benedicta sit *(Post bened.)* 256
229 Benedictus es *(Post bened.)* 261

C

124 Caelestis aulae *(B. M. V.)* 153
153 Caelitum Joseph *(S. Jos.).* 190

Num. / Pag.

134 Candida virginitas *(B.M.V.)* 166
225 Cantate Domino *(Post bened.)* 258
175 Christe sanctorum *(29 Sept)* 216
25 Christum regem *(SS. Sacr.)* 21
231 Christus apparuit *(SS.Sacr.)* 270
55 Christus resurgens *(T. P.)* 63
230 Christus vincit *(Post ben.)* 264
17 Cibavit illos *(R̶.br.SS.Sacr.)* 14
18 » » » 15
111 Concordi laetitia *(B. M. V.)* 131
85 Congregati sunt *(Pro defunct.)* 103
152 Constituit eum *(R̶. br. S. Jos.)* 189
70 Cor arca *(SS. Cor Jesu)* . 85
71 Cor Jesu amantissimum . 86
72 Cor Jesu caritatis I . . . 87
73 » » » II . . 88
211 Cor Jesu sacratissimum . 252
212 » » » . 252

D

81 Dabit illi *(Chr.-Reg.)* . . 98
189 Da pacem *(Pro pace)* . . 232
110 Defecerunt *(B. M. V.)* . 131
122 Dei Matris cant. *(B. M. V.)* 142
100 Descendit de caelis *(B.M.V.)* 118
192 Deus omnium *(Pro pace)* . 233
237 Domine, ne in ira *(T.Quadr.)* 275
49 Domine non sec. *(T. Quadr.)* 53
49bis Divinae pacis *(T. Quadr.)* 54A
64 Duo seraphim *(Per annum)* 78

E

159 Ecce Angelus *(S. Jos.)* . 196
34 Ecce nomen *(T. Nat.)* . . 33
13 Ecce panis *(SS. Sacr.)* . . 12
238 Ecce vicit leo *(T. Pasch.)* 276

Num.		Pag.
40	Ego dixi *(T. Septuag.)* . .	41
41	» » » . .	41
57	Ego sum Alpha *(T. Pasch.)*	66
14	Ego sum panis I *(SS. Sacr.)*	13
15	» » II » .	13
16	» » III » .	14
31	En clara vox *(T. Adv.)* .	29
125	Exaltata est *(B. M. V.)* .	157
48	Exaudi nos *(T. Quadr.)* .	52
56	Exsultemus *(T. Pasch.)* .	65

F

109	Fasciculus *(B. M. V.)* . .	130
162	Fidelis servus *(S. Jos.)* .	197
68	Firmator *(SS. Trin.)* . .	83

G

90	Gaude Dei *(B. M. V.)* . .	111
135	Gaude Maria *(B. M. V.)* .	167
173	Gaude mater Anna *(26 Jul.)*	213
177	Gaude Sion *(S.Martin.)* 219,	219
244	Gaude Sion	281
	Genuit puerpera *(B. M. V.)*	148
	Gloriosa dicta *(B. M. V.)*.	151
	Gloriosa *(B. M. V.)* . .	151
19	Gustate *(SS. Sacr.)* . . .	15

H

170	Hodie illuxit *(SS. Pet. et P.)*	209
27	Homo quidam *(SS. Sacr.)*.	24
184	Hostium victrix	
	(S. J. de Arc).	228

I

39	Illuminare *(T. Epiph.)* .	40
93	Immaculatam *(B. M. V.)* .	114
29	Immolabit haedum	
	(SS. Sacr.) .	25
94	In hoc cognovi *(B. M. V.)*.	114
183	In hymnis *(S. J. de Arc.)*.	227
	In monte olivis *(B. M. V.)*	154
52	Insurrexerunt *(Resp.)* . .	57
165	Inter natos *(S. J. Bapt.)* .	202
166	» » » . .	202
135	Inviolata *(B. M. V.)* . .	168
151	Invocavi Dominum *(S. Jos.)*	189
156	Iste confessor *(S. Jos.)* .	193
155	Iste quem laeti *(S. Jos.)* .	192

J

Num.		Pag.
154	Jam laetus moriar *(S. Jos.)*	191
	Jam morte victor *(B.M.V.)*	156
86	Jerusalem et Sion *(Dedic.)*	104
37	Jesu decus *(SS. Nom. J.)*.	37
22	Jesu dulcis amor *(SS.Sacr.)*	18
38	Jesu dulcis memoria	
	(SS. Nom. J.)	38
24	Jesu nostra refectio	
	(SS. Sacr.)	21

K

67	Kyrie fons *(Per ann.)* . .	81

L

33	Laetabundus *(T. Nat.)*. .	31
160	Laetare *(S. Jos.)*. . . .	196
158	Laeto cantu *(S. Jos.)* . .	195
126	Languentibus *(B. M. V.)*.	158
215	Laudate *(Post ben.)* . .	254
216	» » . .	254
217	» » . .	254
218	» » . .	255
161	Laudemus Deum *(S. Jos.)*	197
219	Laudemus Dñum *(P. ben.)*	255
150	Litaniae B.MariaeV.I,II,III.	182
77	» SS. Cord. Jesu .	92
163	» S. Joseph . . .	198
	» Sanctorum . . .	280
243	Lux alma Jesu *(Ss. Cordis)*	280

M

81	Magnificat *(B. M. V.)* . .	99
136	Magnificat *(B. M. V.)* . .	169
138	Maria mater gratiae	
	(B. M. V.)	172
112	Maria Virgo *(B. M. V.)* .	132
179	Martine *(S. Martin.)* . .	223
137	Mater Christi *(B. M. V.)*.	172
42	Media vita *(T. Septuag.)* .	41
139	Memorare *(B. M. V.)* . .	173
44	Miserere et parce *(T. Quad.)*	44
47	Miserere mei *(Ps. 50)* . .	48
227	Misericordias Dñi *(P.bened.)*	260
104	Mittit ad Virg. *(B. M. V.)*	124

O

36	O beata infantia *(T. Nativ.)*	36
180	O beatum virum *(S. Mart.)*	224
157	O felicem virum *(S. Jos.)* .	194

Num.		Pag.
239	O filii et filiae (T. P.)	277
140	O gloriosa Dei (B. M. V.)	174
141	O gloriosa virg. (B. M. V.)	175
182	O gloriosi Apostoli	226
178	O Martine (S. Mart.)	222
96	O mira res (B. M. V.)	115
97	O mundi Domina (B. M. V.)	116
167	O nimis felix (S. Joan. Bapt.)	203
23	O panis dulcissime (SS. Sacr.)	20
117	O quam glorifica (B. M. V.)	137
74	O quantum in cruce (SS. Cor. Jesu)	89
108	O quot undis (B. M. V.)	129
232	O sacrum convivium (SS. Sacr.)	271
1	O salutaris (SS. Sacr.)	5
2	» »	5
3	» »	6
4	» »	6
5	» »	7
6	» »	7
7	»	8
142	O Virgo Maria (B. M. V.)	176
89	O Virgo virginum (B.M.V.)	111
	O vos omnes (T. Pass.)	149
59	Omnes gentes (T. Ascens.)	68
123	Omni die (B. M. V.)	144
103	Omnis expertem (B. M. V.)	121
60	Optatus votis (Ascens.)	70
188	Oremus pro Antistite	231
187	Oremus pro Pontifice I.	230
245	» » II, III, IV	283

P

190	Pacem tuam (Pro pace)	232
	Pange lingua (SS. Sacr.)	286
8	Panis angelicus I (SS.Sacr.)	8
9	» » II »	9
10	» » III »	9
114	Paradisi portae (15 Aug.).	134
45	Parce... ne in aeternum (T. Quadr.)	47
46	Parce... quem redemisti (T. Quadr.)	48
88	Pax aeterna (Dedic.)	109
168	Praecursor Domini (S. J. Bapt.)	204
50	Prosternimus preces (Tempore Passionis)	55
35	Puer natus (T. Nat.)	33

Q

Num.		Pag.
132	Quem terra (B. M. V.)	164
63	Qui procedis (Pentec.)	75
32	Qui regis sceptra (T. Adv.)	30
164	Quis olim (S. J. Bapt.)	200

R

171	Redemisti nos (Pret. Sang.)	210
113	Regina caeli (B. M. V.)	133
233	Regnantem sempiterna (T. Adv.)	272
176	Regnum mundi (S.Teres.)	217
176bis	Regnum mundi	218
174	Rex summe (S. Ludov.)	214
169	Roma Petro (SS. Pet. et P.)	205
30	Rorate (T. Adv.)	27

S

51	Salve Crux (T. Pass.)	56
54	Salve dies (Resurr. Dom.)	60
53	Salve festa dies (Pasch.)	59
143	Salve Mater (B. M. V.)	176
172	Salvete Christi vulnera (Pret. Sang.)	211
181	Salve turba (S. Apost.)	225
144	Salve virginale (B. M. V.)	179
98	Salve virgo (B. M. V.)	116
99	Sancta et immaculata (B. M. V.)	117
145	Sancta Maria (B. M. V.)	180
76	Sicut dilexit me (SS. Cor. Jesu)	91
119	Solem justitiae (B. M. V.)	139
105	Stabat Mater (B. M. V.)	126
102	Stirps Jesse (B. M. V.)	120
146	Sub tuum (B. M. V.)	180
107	Summae Deus (B. M. V.)	128
75	Summi Parentis (SS. Cor. Jesu)	90
116	Super salutem (B. M. V.)	136

T

196	Tantum I	(Pange)	241
197	» II	(Pange)	242
198	» III	(Modern.)	242
199	» IV	(Mozarab.)	243
200	» V	(Tibi Chr.)	244
201	» VI	(O quot)	244
202	» VII	(Sancte Dei)	245

Num.		Pag.
203 Tantum VIII	*(Ambros.)*	246
204 » IX	*(Urbs Jer.)*	247
205 » X	*(All. dulce)*	247
206 » XI	*(Lustris)*	248
207 » XII	*(Ambros.)*	249
208 » XIII	*(Ambros.)*	250
209 » XIV	*(Crux fidel.)*	250
210 » XV	. . . .	251
222 Te decet laus	*(Post ben.)*	257
223 »	»	257
193 Te Deum	*(Ton. solemn.)*	234
194 »	*(Ton. simpl.)*	237
195 Te Deum Patrem	*(Ant.)*	239
84 Te gloriosus	*(Omn. Sanct.)*	102
224 Te laudamus	*(Post ben.)*	257
78 Te saeculorum	*(Chr.-Reg.)*	94
66 Te sanctum	*(Per annum)*	80
92 Tota pulchra es	*(B. M. V.)*	113
80 Tua est potentia	*(Resp.)*	98
191 »	» *(Ant.)*	232
186 Tu es Pastor	*(Pro Papa)*	230
185 Tu es Petrus	*(Pro Papa)*	230

U

Num.		Pag.
20 Ubi caritas	*(SS. Sacr.)*	17
28 Unus panis	*(SS. Sacr.)*	25
87 Urbs Jerusalem	*(Dedic.)*	107

V

106 Vadis propitiator	*(B.M.V.)*	127
234 Veni, Redemptor	*(T.Nativ.)*	273
61 Veni sancte Spiritus	. .	73
226 Venite adoremus	*(Post ben.)*	259
26 Venite populi	*(SS. Sacr.)*	23
101 Verbum bonum	*(B. M. V.)*	119
236 Verbum caro	*(T. Nativ.)*	275
79 Vexilla Christus	*(Chr.-Reg.)*	96
82 Vidi Dominum	*(Resp.)*	101
83 »	» *(Ant.)*	102
118 Virginitas caelum	*(B.M.V.)*	138
147 Virgo Dei Genitrix	*(Hymn.)*	181
148 » »	» *(Ant.)*	181
121 Virgo Maria	*(B. M. V.)*	141
149 Virgo parens	*(B. M. V.)*	182

.

Made in the USA
Middletown, DE
22 October 2023

41262845R00196